熊秉明文集

COLLECTED WORKS OF HSIUNG PING-MING

主　编 叶　朗　陆丙安
执行主编 朱良志

三

展览会的观念

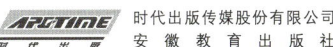

时代出版传媒股份有限公司
安徽教育出版社

图书在版编目（CIP）数据

熊秉明文集. 三, 展览会的观念 / 叶朗, 陆丙安主编；
熊秉明著. —合肥:安徽教育出版社, 2018.12
ISBN 978-7-5336-8770-0

I. ①熊⋯ II. ①叶⋯②陆⋯③熊⋯ III. ①熊秉明—文集
②艺术评论—文集 IV. ①J-53

中国版本图书馆 CIP 数据核字（2018）第 239123 号

熊秉明文集　三　展览会的观念
XIONGBINGMING WENJI　SAN　ZHANLANHUI DE GUANNIAN

出 版 人:郑　可
质量总监:姚　莉
策划编辑:王竞芬
责任编辑:王竞芬
装帧设计:朱　锦　朱嫣然
责任校对:周骐睿　徐　宇
技术编辑:陈善军

出版发行:时代出版传媒股份有限公司　安徽教育出版社
地　　址:合肥市经开区繁华大道西路 398 号　邮编:230601
网　　址:http://www.ahep.com.cn
营销电话:(0551)63683012,63683013
排　　版:安徽时代华印出版服务有限责任公司
印　　刷:安徽联众印刷有限公司

开　本:710×1010　1/16
印　张:17
字　数:230 千字
版　次:2018 年 12 月第 1 版　2018 年 12 月第 1 次印刷
定　价:102.00 元

（如发现印装质量问题，影响阅读，请与本社营销部联系调换）

编辑委员会

主　编
叶　朗　陆丙安

执行主编
朱良志

委　员（按音序排列）
杜小真　陆丙安　宁晓萌　孙　焘　叶　朗　朱良志

出版说明

熊秉明先生（1922—2002），著名法籍华人艺术家、诗人，在雕塑和书法方面有精深造诣，同时是一位有重要影响的艺术理论家。

先生1944年毕业于西南联合大学哲学系。1947年考取公费留法，进入巴黎大学攻读博士学位。1949年专修雕塑。1960年在瑞士苏黎世大学教授汉语及中国哲学。1962年受聘于巴黎东方语言文化学院，曾任该校中文系教授、系主任。著有《张旭狂草》《中国书法理论体系》《关于罗丹——日记择抄》等著作。

先生兼融哲学和艺术，沟通东方和西方，对艺术有极敏感之体悟能力，生平著述具有广泛读者。此次编纂出版的十卷《熊秉明文集》，是先生除雕塑、书法作品之外的存世文字的合集，包括他的学术著作、随笔、读书札记等。其生平重要著述《张旭狂草》一书，第一次由法文译成中文介绍给汉语界读者。文集中包括先生生平大量未刊稿，其中近半数文字，是根据先生手稿整理而成，第一次与读者见面。

北京大学美学与美育研究中心长期致力于重要艺术文献的整理研究，此次整理得到了熊秉明先生夫人陆丙安女士的大力支持与帮助，安徽教育出版社精心编辑出版，多方面力量汇集，使此书得以顺利出版。本书在整理出版过程中，参考了相关杂志和出版机构先行出版的成果，在此表示衷心感谢。敬请广大读者多提宝贵意见。

为了方便读者阅读，此次出版对若干译名，根据现代使用习惯，做了修改。文集中有些地方文字重复，为了保留先生手稿原貌，未做修改。

本卷文字说明

　　熊秉明先生关于展览会观念的思考，是他有关艺术思考的重要组成部分。本卷收录的文字，主要包括他由展览引出的艺术思考和哲学思考。

目录 | CONTENTS

001	展　览
022	构想和布置的备忘
030	谈雕刻
044	展览会的观念
	——或者观念的展览会
063	观念展览之后
070	展览会的反思
111	佛像和我们
139	回归的塑造
	——塑造一个多重叠合的回归
170	关于这一座《鹤》
175	谈贾科梅蒂的雕刻
189	关于梵·东根
208	奥林匹克雕刻公园里的徘徊
232	毕加索座谈会

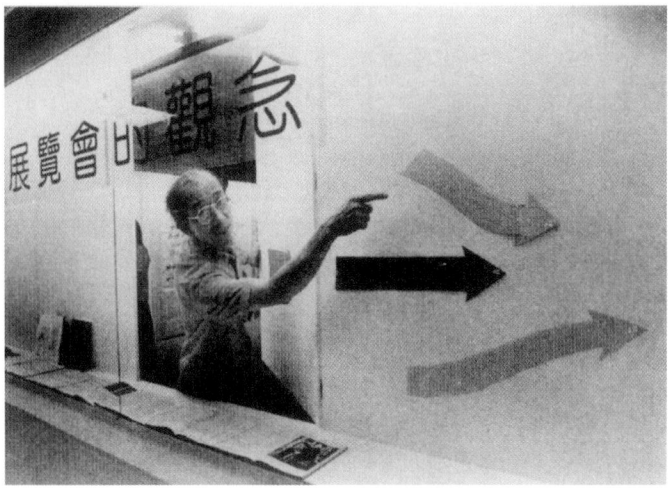

熊秉明在雄狮画廊中

熊秉明文集 三

展览会的观念
Collected Works Of Hsiung Ping-Ming

展　览 [1]

一

展览

　　展览

展出什么呢

这个世界已经太满

红灯　绿灯　红灯

绿灯　红灯　红灯

你的眼睛已经超重

　　　超速

---

[1] 此组诗亦见于第十卷，因与本卷主题相关，故收于本卷。——编者注

你的眼睛已经故障

　　慢下来

　　　　停下来

给你以新的看

不前卫　不正统

　　　　不古典

没有斑斓的

　　卫道的

大旗与教条

没有鲜丽的

荒诞

前卫

媒体和广告

如此只如此

此念与无念

你是真纯的
我就把这杯水奉献
给你
我也只有这杯水了
因为这里的一切都已经
污染了　变形了
都是冒牌品　代用品
用谎话对话
用毒牙接吻
我把这杯水奉献
　　给你
　　　清冽的……可是它呢
它果真是清的纯粹的？
　　你问

那么净化它吧,求你

　以你的心

　但是你的心

四

我多么愿意

创造一个奇迹

让一双嘴唇笑

让一对腮飞红

让一对眼湿润

我知道

奇迹是两人的事

　一双唇

　一对腮

　一对眼

我找　找　找

你是我所期待的么?

你是我所期待的么？

（五）

你来了

我能赠给你什么

你来了　慢步着

　　低思着

你牺牲了你生命的

这一分钟

　　倾着友好的耳

　　眼睛闪着

　　好奇的火

　　心在敲　而我

只是一面旧破的镜

　　以我的全力

　　以每一块碎片

　　　歌唱你

六

你终于来了
我等了那么久
你什么都没忘记
你来了
　快活地
　　整个地
无保留地
带着你所知的
　　你所能的
　　你所是的
无限
　　纯一
可
我
已经
　　累了

腰背

七

我有那么多话

要跟你说

可是说不出

词汇　都不可靠

或者太旧了　破烂了

或者太新　还没有缩水

我给一个意义

你听见的也许是

　歧义　反义

双关义　跛义

也许无意义

我有那么多话

　要跟你说

可是说不出

……

八

我拿起颜色

颜色从指缝间

漏掉了

我描一条线

形象从线边

滑开了

我想说话

想说的字怎么也想不

　　　　　　　起来

啊　啊

我可不能这样死掉

九

我抽烟

因为我太苦了

我太苦了

  我戒烟

我太苦了

  我抽烟

我抽烟

    戒烟　抽烟

      戒烟　抽烟　戒烟

  我抽烟

    我太苦了

    我太苦了

十

如果我的句子是

结结巴巴的

　　痛苦扭曲的

不细腻　不雅致

粗糙像麻石

　　千万不要笑

这样也许更好

　　你的眼睛

擦在这粗糙的表面

会燃烧起来

把我们俩都照亮

　　你说

　　有光

就有了光

　　有海

就有了海

也许你会说

　　有诗

　　而且说

有一个人

你是智者

嚅嗫出一些预言

预言使你惶恐了

你是画家

涂抹出一些未尝见

　　　　的形与色

未尝见的形与色

被你自己撕掉了

池边饮水的鹿

看见头上新生的角

跃起逃窜了

十三

雕刻家走来

从口袋里拿出

一只洋火盒

从洋火盒里

拿出一个青铜形体

 轻轻地

  放在雕刻座上

  我俯身过去

看见一个带雷电的

    风暴

十四

他们有

  太多的汽车

太多的录音机录影机
　　电影机电视机
　　大哥大和电脑
太多的钞票发票股票
太多的唱片幻灯片电影片
太多的消费世界的美妙
他们还缺少什么呢？
　　缺少一点

空白吧

缺少一点缺少

缺少一点小小的饥饿

　　　　　和渴

他们展览

他们宣传

展览他们的野心

宣传他们的恶心

他们在自杀

死的是我们

十六

啊　观众朋友

你那么喜欢戏剧性的

　　　　　　展出

你参加过那么多轰动一时

　　的事件艺术

你买过那么廉价的

让画家饿死穷死吐血死

　　　　　　的杰作

你赞美过那么多的愚蠢

　　　　　和谎骗

亲爱的观众朋友

你仍然在寻找新的　更新的

　　　　　　更更新的

那么　诺　你瞧

这里有一幅画　见所未见

　　闻所未闻

是给瞎眼的人看的

　　我还没有完成诞生
迟迟的难产
　　我是婴儿
　　我是母亲
一千次我叫出第一声
一千次我叫出最后一声
在血泊中
在爱的纠织中
在肉的撕裂中
我昏迷过去
我苏醒过来
　　方生方生
　　方死方死
几点钟了？

熊秉明先生

几月几号？

第一天？

最后的一天？

我已经受不了

身子的沉重

阵痛已经开始

痛得厉害　痛得厉害

我要昏过去了

我超常地清醒

我要死了

我要生了

啊　啊

产婆在哪里？

产婆的儿子在哪里？

名字叫苏格拉底的

在哪里?

(按:苏格拉底的母亲是产婆。他说真理孕在人的灵魂里,他用对话助真理的诞生,和产婆的工作是相类似的。)

不是展览

 血不够
也不借胭脂的红
 花落完
也不洒茉莉的香
 就是这个样子

 太黯淡了
 太土气了

原谅吧

  献给你

    原样的璞

  忘掉展览

  忘掉展览

把园门关上吧

  锄头和耙子

  都在丁香花下

  喜悦于人的还原

  喜悦于人的还原

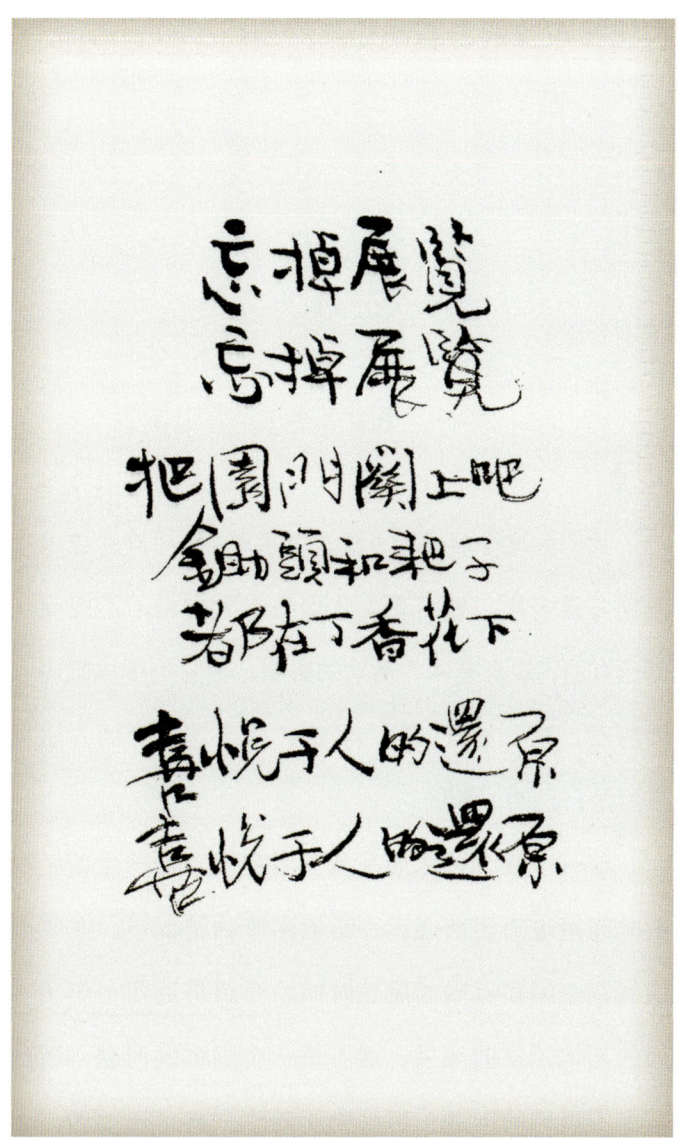

构想和布置的备忘

观念艺术

我们称这个展览为"观念艺术展"。"观念艺术"派别多重多样,做"观念艺术"有大自由,不应受任何已有的"观念艺术"活动的影响,使它们变成眼障、绊脚石。观念是自己的、新的;呈现这观念的方法也只能是自己的、新的。

这一个观念艺术展是基于客观要求而产生的。要在时间短迫而距离遥远、运输困难的情况下,在有限的展览空间和有限的展览时间,介绍将近四十年多方面的艺术工作的成果,这不是一个困难的问题,而是一个不可能的问题。所以物质的陈列将是次要的,而传达的观念才是首要的。这是一个艺术观念的展览，或者用一般说法，即观念艺术的展览。二者含义略有不同。但是用后者，对布置者和观者也许比较有帮助。"艺术观念的展览"，听起来比较抽象，不易把握；"观念艺术的展览"，听起来比较具体，似有前例可循——当然也不尽然。并且正是我们前面所说，观念艺术的制作有大自由，不应循前例。这展览的产生也有其主观的基础。20首组诗是两年前就用法文写的，原来就想根据这些诗布置一个"观念艺术"展览，现在改用中文表现展出。

整体性

我们展出一个"展览会"，我们要给观众看一个展览会的整体，此整体构成的气氛重于一件一件作品的个别效果。所以每幅字之下没有签名，签名之后，便分裂为一件一件的作品。20首诗是最近的作品，也是展览会的主要部分，但既要介绍过去，雕刻的复制、剪贴、文章复制也都是展览会的有机部分,应融为一体。

暂时性

这是一个"展览会",展览会本身是一个短期的艺术活动,所以要突出它的暂时性。写了文字的宣纸不必正式裱出、装轴、装框,取得长久收藏品的形式。纸张被空调的风微微吹动并不碍事,只更显出其脆弱的临时性来。展览会后,这些宣纸将如秋叶飘散,回到大自然的怀抱。若有有心人捡起来夹在书页里,那

熊秉明先生与他的条鹤群雕

是有心人的事了。

文字性

这是一个观念艺术的展出,所以文字占着首席的地位;又因为这是一个观念艺术的展览会,所以文字的内容是关于展览会、关于艺术的。这些诗有一个共

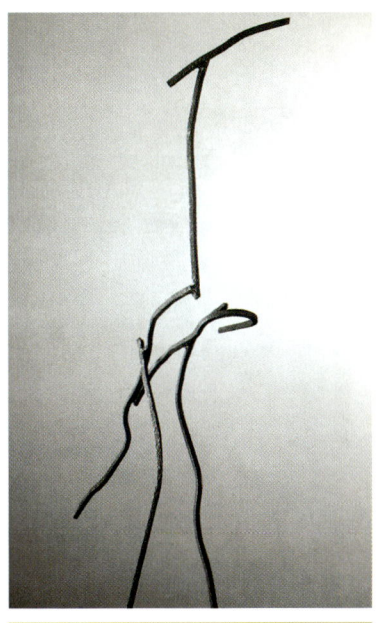

熊秉明 《铁条鹤系列之四》

同的主题，拼合为一个共同图案，它们是一组诗。这是每幅没有签名的又一个原因——避免把贯串它们的气脉切断。

诗　性

文字的内容应该是浅出深入的，因为展览会里的观众不是坐在图书馆里的读者。他以悠闲的心情来，以看画和雕刻的心情来，他的眼光是广幅面的，不是逐字阅读式的。这是一个形象的欣赏者。文字必须明朗洁净，使人一接触，立即尝到某种意味，可是愿意反复咀嚼的，也还能在深处察觉出另样滋味来。

书法性

文字的物质形式是毛笔写在宣纸上的字，所以必须也满足书法所应具备的条件。但是这不是一个书法展览，不可掉到传统书法的规格里去。字应是看到场地之后，在画廊里写，以配合展览室的格局。大幅宣纸，从顶板垂到地面，似中堂，又不似中堂，密密排开，要欣赏书法的人可以看到书法，然而读到诗的时候，也就已然忘掉书法，四壁皆字，人在字中，在诗中，在符号的林中。还有一个文字的物质形式是把散文择出用照相方法放大，在造型上有斑驳的印刷效果，使人可以读文字之外，还可以当图案欣赏。

综合性

这个展览会要能灵活巧妙地融合同一个艺术工作者许多不同的艺术活动：雕刻、画、剪贴、诗、散文，包括了不同时期的艺术作品，最早期的与最近的相距三十多年。作品之间相互呼应，托出作者的气质和艺术创作历程来。或者说，作者以一个中心观念把这许多作品聚集在一起，使这些性质很不同的作品在这个空间组织成一个有机的整体，活在这里。大幅的诗页有一阅读的顺序：第一幅是"展览，展览，展出什么呢?……给你以新的看",最后一幅是"忘掉展览,忘掉展览……喜悦于人的还原,喜悦于人的还原"。散文选出三段,把原版照相放大、装框。两段选自《看蒙娜丽莎看》,一段选自《熊秉明谈雕刻》。雕刻原件只有李贤文先生收藏的《手》,其他有照片6张,也都是铁雕,其质地色泽的效果可以差强从《手》那里推想。画只有即兴水墨一幅穿插在诗页中。黑的剪纸是近年的作品。以每8幅合为一组陈列。最后还有

熊秉明黑色剪纸

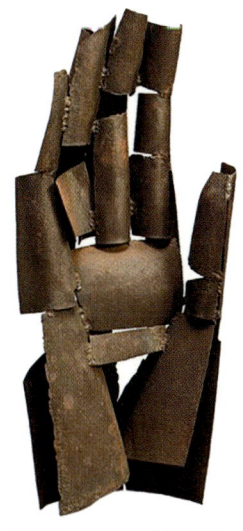

熊秉明 《手》

组诗《教中文》，与在巴黎大学教中文直接有关系，异域教书生活的侧影在这里也算带了一笔。

由于这是一个观念艺术的展览会，所以展览会的构思和筹备时的设计（也都属于这个展览会的观念）特别重要。在有的观念艺术家看来，构思和设计比实现了的展览会更为重要。所以这个备忘虽是给自己看的，给画廊的工作人员看的，我们也特地把它发表出来，算作展览会的一个部分。

谈雕刻

我到法国以后，初期做雕刻是用力在人的形象。第一个老师叫纪蒙（Gimond，1894—1961），他擅长头像。他自己的作品不能给人完全的满足，但他在雕刻的见解上是十分确定的，而且很有独到的见地，继承罗丹（Rodin，1840—1917）、布尔代勒（Bourdelle，1861—1929）的传统工作的态度极其严肃。但很可能正是这太过严肃的态度使他的作品变得枯燥僵硬，缺乏生趣。艺术并不只是说教，那会失去生命新鲜活泼的魅力。歌德就说过纯属严肃的艺术和纯属游戏的艺术都是片面的，理想的艺术应该是严肃和游戏的结合。

纪蒙自己又是一个收藏家。我第一次到他那里是由巴黎大学美学教授巴叶（R.Bayer）先生率领同学参观

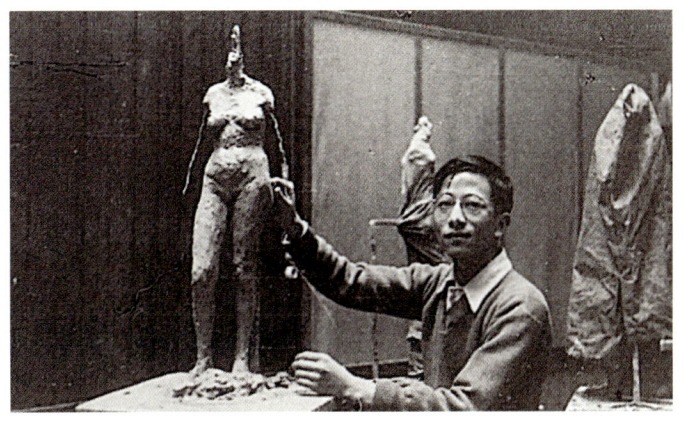

1948年熊秉明在纪蒙雕塑工作室

他的工作室。我们抬头环视他的收藏便被说服了。他的收藏全是首像，从中国的佛像到希腊、埃及、中世纪罗马式（Roman）、哥特式（Gothique）的首像或者黑人的面具全有，都是最上乘的作品。人一看便似乎被棒喝而有所觉悟！这些作品虽然来自不同的文化背景，但其作为雕刻都是最精粹、最庄严光辉的作品。我就进了他的工作室工作。在听他严厉地改学生的作品的时候，我深切地感觉到，他的确是向一个最高峰努力，也激励他的学生向那一高峰努力。

后来我也在不少别的雕刻家的工作室学习过，但显然纪蒙的见解和工作的信念是远远超过其他人的。他把握到雕刻的本质。可惜他的优点也正造成他的缺点：他把雕刻看得太难了。他忠实的（或者可说"听话的"）学生们也都把雕刻看得极难、极艰巨、极严肃，终于走不到那高峰而痛苦，而绝望，而放弃。他给学生们揭示了很重要的道理，但同时也把学生的天真自发的创作欲、创作的快乐摧毁。这样，他们就像一条流到沙漠里去的河，终于干涸消失。

雕刻品是一个存在，或者可以说它争取一种存在，并不像绘画那样，只把存在的东西搬到画布上或者纸上。雕刻以它本身的三度空间，占据一个地方。不仅占据一个地方，它要争取自己的存在在时间上恒久，所以雕刻是艺术家表现个人或者群体生存意志的最好凭借。

每一个时代、每一个民族都在雕刻上表现了他对存在的认识，无论雕塑的是神，是英雄，是女体，都反映这一个时代、这一个民族对存在所抱的理想。这是他自己的形象的投射、他自己的自意识。与绘画相比，雕刻有一种"太严肃",因为这触及"人"的定义问题,便难能为人所喜欢。

有史以来的雕像无不是追求生命的(存在的)强度和持久。在这儿,贾科梅蒂(Giacometti,1901—1966)以及若干现代雕刻家的意图竟完全相反。他表现存在的脆弱、空虚,没有挺出的面,离开雕刻家的手的时候人体已经残破败坏。再等一会儿,就只剩下骷髅了——人的存在的最后的形式。无怪存在主义哲学家萨特对他的作品特别有兴趣。这类雕刻可以说是反雕刻的雕刻,但是就其表现存在的一种样态说,他们仍然是发挥了雕刻的本质的。

雕刻要能充分表现其存在的生命力必须依赖强明的立体感,而强明的立体感是由严密的"面"所构成的。"面"是雕刻上一个极基本、极重要的观念。这观念并不是十分神妙的,但是作为创作者,一定要经过长时期训练才能掌握。纪蒙所不断给学生们重复说的就是这个问题。平常我们批评一个失败的雕刻说"软""松弛""站不起来"等,都是因为"面"处理得不好,或者作者根本还不了解什么是"面"。

我在纪蒙那里工作了两年,后来转到艺术学校的纪念碑雕刻室。教师是穰尼俄（Janniot，1889—1969）。他的观点与教授方法和纪蒙可说正相反,他把雕刻看得很容易、很好玩,所谓纪念碑雕刻,不过是以浮雕为手段来说故事。我当时没有工作室,在那里工作有许多方便,同时教师不很严,给学生很大的自由,我自己也想得到一些做大型雕刻的经验,于是在那里也工作了两三年,做过一些大型的作品。这些大型作品浇出石膏,参加过沙龙之后,便不知道摆在哪里好。后来

1950年熊秉明在穰尼俄雕塑工作室

放在朋友家的花园里，多年风吹雨打，就都化为乌有了，如今只剩下一个《背孩子的人》的一个头像，是那些纪念碑型作品湮灭后所唯一留下的残骸。

在这时期，我也试做了不少头像。但，自知是一种习作，和我所向往的"马锅头"的雕刻是两回事。做这些习作的时候，我感到民族的面型特征深刻地支配着一个雕刻家。大的雕刻

熊秉明 《孕妇》（1952）

家像罗丹，他做过一个日本舞女的头像，显然有些东方面型的特点，他也把握不住。布尔代勒也做过一个中年中国人的头像，同样也是西方雕刻家刀下的东方人，不吻合东方人面部的起伏节奏。以他们这样的精熟的技艺，终于不能参透出东方面型的微妙。我塑中国人的时候，手指沿着额眼鼻颊唇……的探索，好像抚摸着祖国的丘壑平原，地形是熟悉的，似乎不会迷失。塑一个西方人，我总游移，高一步、低一步，走不稳。尤其巴黎地道车里的人，那脆弱、困乏、虚伪、惶惑、匆忙，实在无法给我塑造的意欲。

　　在国外住下来，心里很矛盾。因为我的目的是学好了回国工作，去塑造今天的中国人的面貌，但雕刻不是到一个时候就可以说"学好了"的。而且学好了西方的雕刻，仿佛也就无法回国去做中国的雕刻，正像《庄子》里寿陵人学步，"未得国能，又失其故步矣"。我后来看到中国的纪念碑上的浮雕，在外国留学多年回去的人所做的，表现得最空洞而缺乏真实感，不用说面部的造型是虚伪的，就衣褶也无意义。这和唱歌的人所遇到了"洋唱法"和"土唱法"的问题很相似。"洋唱法"学得很好了，但是用意大利歌剧唱法来唱中国民歌，总是不对劲儿。可是我并不是说惧怕并且拒绝别的文化的影响。我的意思是吸收其他文化是不容易的，要有"拿来主义"的勇猛和见识。

在这徬徨苦闷的阶段我做了第一座铁雕《嚎叫的狼》。这是1954年。

用铁片焊制动物，给我不少便利：一、没有"人"给我的许多困恼；二、动物的形象也有其象征的作用；三、铁片给人很大的制作自由；四、铁焊成后立刻是完成的作品，不像石膏像，还须铸铜。

技巧上，我使用铁片是使它们在空间里交错搭架起来，所谓雕刻的"面"是暗示出来的，所以雕刻并不是一个封闭的实体，而是穿空剔透的，从不同的角度看去变化很大。我做过的主题还有乌鸦、天鹅、孔雀、蛤蟆、猫、猫头鹰、狗、鸡、鹤，也做过花草。大概鹤做得最多，也是我最后的一批铁雕。在制作鹤的时候，我想用最简洁的几何形体构成一个明朗静止的形象，

熊秉明 《嗥叫的狼》（1954）

试着造成"罢如江海凝清光"的感觉。那是一种蕴蓄着广阔的空间的静止。"罢如江海凝清光"是杜甫《观公孙大娘弟子舞剑器行》里的诗句，描写公孙大娘舞蹈结束，最后一个身段给观者的感觉，我以为没有比这更好的描写雕刻的文字了。但我的雕刻越变越简，近乎抽象的符号了，而我是不愿意落到抽象的结构里去的，我不愿做一些纯数字的结晶体。我不愿离开生活，

熊秉明 《卧牛》（1962）

于是又回到用石膏，开始做水牛，大致在 1960 年间。做水牛是因为我觉得它在中国人的生活里，和中国人共同经历过悲苦沉重的日子，在泥泞里踏出生命的希望来。但是渐渐地，我的水牛越来越不像水牛，而接近泥块了。我也不愿落到另一种抽象主义——自然物质再造的抽象主义里去的。

此后如何发展，我也不知道。

我本来是学哲学的。学哲学固然是关系到知识的探求、思维方法的探求，但最终还是生存意义的探求。如果这样一个人觉得在艺术中更能实现这个目标，从哲学横渡到艺术去，也就不那么不可思议了。我们不是谈到希腊时代哲学家与雕刻家的不可分界了吗？但我是中国人，我的情况也就不跟苏格拉底的一样了。哲学与艺术两者的水乳交融不常是那么理想的。

德国诗人席勒是诗人也是哲学家。他在和歌德通信集里谈到哲学思维与创造想象的矛盾："在我应该进行哲学思考的时候，诗情却占了优势；在我想做一个诗人的时候，我的哲学精神又占了优势。"他羡慕歌德所具有的感性与理性的统一。

我也常感到哲学与雕刻的互相牵制，倒不是席勒所提出的那一种矛盾。

哲学追求一个存在的意义，而做造型艺术要把这意义塑造成一个存在的形象。造型艺术的工作不是意义的分析，而是形象的。有了十分明确的意义，然后才着手工作，往往是执行教条，作品往往不成功。但我常不能只凭直觉去创作。在没有一个意义催促我的时候，我工作起来就不那么有热力、有信心，不能刻画到底层去。一件作品不表现一个意义，我也就不满意。

熊秉明在巴黎工作室里

  哲学的思考和雕刻的创作是两种很不同的活动。雕刻家需要整个躯体的运动，像摔跤，等于跟石头、木头、塑泥搏斗、角力。我认识不少雕刻家，他们绝大部分是粗实短壮得像小公牛一样的人物。罗丹、布尔代勒、查德金（Zadkine，1890—1967）都是这一型人。很多雕刻朋友会各种手艺：木工、水泥工、金工、石工、电工……他们的住屋多是自己动手盖的。我自己屋子里的家具十分之九是自己打的，也盖过瓦，砌过墙……但比起他们来，差得多了。这些工作未必妨碍哲学思考，但是严密的哲学思维工作有另一套工具、另一型精密和熟练的技艺,要把两者都搞得很熟练是很难的。

从哲学和艺术的产生说,哲学是好奇心、求知欲的活动;艺术是表现欲、创造欲的活动。两种本能欲望固然很不相同,可以互相抵触,但也可以互相合作。因为我想知道我是谁,我有表现的要求,也对这表现的要求和表现出来的形式有着好奇。生命里意识、潜意识、记忆、向往、情感……种种复杂的成分在我的作品中流露出来,我愿知道它们的意义,要知道它们

查德金 《被摧毁的城市》

的发展。平常一个艺术家对于自己的作品是不大能以冷眼分析的,但没有一个艺术家不愿知道自己作品的意义。他至少希望能从别人的客观批评里也冷眼看自己的作品。所以从这个角度说一个人是哲学家又是艺术家是一很自然的要求,哲学分析和艺术创作并不相冲突。

这对自己的分析解剖可以是对自我的肯定,但是也往往是自我的摧毁和否定,是危险的。

展览会的观念
—— 或者观念的展览会

　　这是我第一次来台湾，心理上是非常兴奋的。台湾对我来说，好像已经熟悉。有那么多朋友谈起过，描述过。有那么多认识的和不认识而神交已久的朋友生活在这里，工作在这里，所以好像已经熟悉。然而，其实，又完全陌生。今天就要把想象里的台湾和实际的台湾相印证。这是使我好奇而兴奋的原因。而最使我兴奋的是要把许多书、许多艺术品和写这些书的作者、创作这些艺术品的艺术家相印证。孟子说："读其书，不知其人，可乎？"

　　我想认识大家，反过来，大家也必想认识我。这一点可很叫我不安。我是最不习惯被观赏的，因为我在本性上就不属于飞扬跋扈、轩昂潇洒的类型，我又没有表演的本领，也没冂若悬河的辩才，有人想看什么精彩的风光，是一定要失望的。可是《人间副刊》的金恒炜先生写信到巴黎，要我演讲；雄狮画廊李贤文先生写信到巴黎，说可以举行个展，这一下，使我在要看的兴奋中加进了一半被看的惶恐。

本来，早就有朋友劝我来台湾开展览会，我十分感激他们的美意。可是我一想到这个问题，就感到有不少困难。

我在法国很久，做过的工作很杂。如果要开展览会，展出什么？前20年曾以艺术创作为生，以雕刻为主要工作，但对绘画、文学也有兴趣。后20年主要的职业是在巴黎第三大学东方语言文化学院教中国语言文化，但是对雕刻、书法、绘画、诗的兴趣都没有减低。又因为抗战时期在西南联大读的是哲学，在思考问题的时候，仍摆脱不了哲学学生的习气。如果要把我的工作介绍给台湾的朋友，怎么办？怎么总结？怎么选择？一个简单的方法就是把所做的东西一股脑儿都陈列出来，可是这最简单的方法正是最麻烦的方法，而事实上做不到的。

如果把我刚才说的这些情形、资料，输进电脑，然后提问："我应该开一个怎样的展览会？"我想出现在荧幕上的大概是四个大字："观念艺术"。

这四个字一出现，大家反应一定各不相同，但大概都会一跳，连上我自己。有人吃惊，有人大怒，有人欢喜，有人为我捏一把汗，说："怎么？某某人一向严肃，年纪也六十开外了，怎么也来耍这一套把戏？"他们大概想起那些把山头用塑胶布包起来，把自己在笼子里关一年，把手臂的皮割出血淋淋的条纹的观念艺术家。

我想到举行一个"观念的展览会"，倒不是根据电脑的答案做出的决定，也并没有想到要做出什么吞刀吐火、飞檐走壁的表演。

我说过，我在东方语言文化学院教中文。两年前，学年终了监考的时候，不知道为什么，忽然想起当时的一些艺术展览会，忽然有法文的诗句跑出来，于是就用考卷纸记录下来，连着监考几天，也就连着写了几天诗。当时倒也确是想把这些诗放在一个观念艺术的展览会里，甚至想举行这样一个个展，不过后来因为别的工作牵挂，这组诗也就被搁置在抽屉里。这次要来，才想起这些诗，于是找出来，并且翻译成中文，当然也进行了一些修改。因此，可以说它们是我最近的作品，可以说是我的艺术道路的最近的到达站，也可以说是我的艺术工作发展的逻辑的演绎段落。这里没有雕刻、没有画、没有书法、没有文字……也可以说都有。

所以明白扼要地说，这次画廊给我的课题，就是一个展览会，没有指定展览什么，我是这样了解的："展览一个展览会。"而《时报》副刊约我来演讲，谈我所关心的问题，目前我所最关心的问题无疑就是这个展览会的观念和如何展出这个展览会。

"观念艺术"在英文是"conceptual art"，严格的翻译是"观念的艺术"。其实我倒是比较偏爱中文的名词，"观念艺术"诚然是"观念的艺术"，但也可以解作"观念"和"艺术"，在传统艺术品中，观念和艺术两者是交融的，在观念的艺术中，两相分开来了，就一边有艺术，一边有观念。观念艺术家必须大量利用文字来诠释作品，作品和文字不再是一个整体，而是一个组合体，观念、艺术互相分离，但不互相独立。所以我现在在这里做演讲，说展览会的观念，谈观念的展览，和布置在画廊里的展览会的展览会是一回事，是一个组合体，都名为"展览会的观念——或者观念的展览会"。

"展览会的观念——或者观念的展览会"听起来好像在玩弄哲学名词，故弄玄虚，有点近乎吞刀吐火的把戏了。我想立即把这问题平实化一点。

我讲一件过去的事情。我们高中时代热烈地崇拜贝多芬（Beethoven，1770—1827）、米开朗基罗（Michelangelo，1475—1564）。那是抗战的时代，在云南，我们哪里见过米开朗基罗的雕刻，顶多看到一些很小很粗糙的照片复制品；又哪里听过贝多芬的交响乐，顶多是听到四十五转的唱片，那时候用的唱机还是手摇的。我们的崇拜从哪里来的呢？就是因为读过了罗曼·罗兰（Romain Rolland，1866—1944）写的、傅雷翻译的《贝多芬传》《米开朗基罗传》。所以我们以为在欣赏他们的作品，实在是一个误会。罗曼·罗兰已经把他们的作品变成观念了，我们所接触的实际上是这些观念，物质的部分是非常之微的。

其实我们也不必举这样一个遥远的例子。艺术品有其物质性的存在形式，但绝大部分的存在形式却在人们的脑海里。比如《蒙娜丽莎》这一幅像，知道的

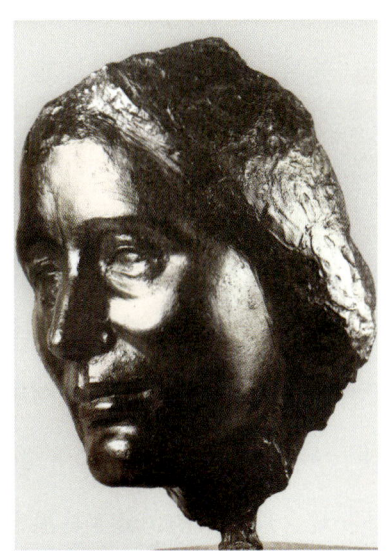

熊秉明　《女面具》　（侧面）

人非常之多了，而绝大多数并没有看到原作，只不过看到很小的复制品。亲眼看到原作的，绝大多数是在旅游巴黎的时候，跑到卢浮宫，在画的前面站了两分钟，甚至还不到。对于这样一个观光客来说，《蒙娜丽莎》也只存在于他的记忆里。而这记忆是怎样的呢？如果他不是画家，那具体的形象大概是非常之模糊朦胧的，比较清楚的是他对这幅画的观念，也就是已经兑换成观念的印象。比如说：这个女人端端正正，可是也不见得美。这个女人不美，可是好像眼神里含着一种什么意思，等等。又比如说：画面颜色黯淡得很，颜色很调和，等等。所以严格地说，艺术品都是被判断、被审定之后，以观念的形式而储存在我们的脑资料库里。艺术品是一个刺激物，它通过我们的感官感受造就一些观念资料。艺术家的目的，前后目的是制造这些观念。（观念艺术家就想把艺术品的物质部分尽量减少，用最简捷、最有效的手段在观众的脑子里激发出观念来。而引发观念最有效的，至少是最直截了当的，是观念。）

就像我们刚才举的例子。我们年轻时候虽然没有见过米开朗基罗的作品，但是读了罗曼·罗兰的书，眼前恍惚，仿佛看到了那些作品，也受到大的震撼、感动。很可能我们终身不能到欧洲去亲眼欣赏那些壁画雕像，这些壁画雕像也就在我们有限的生涯中只能是以观念的形式存在了。从一方面说，没有看到原作当然是遗憾的；但是从另一方面说，艺术的功能已经完成了。有人跑到意大利，看到米开朗基罗的作品，毫无感受，能目睹原作，该是无憾了，但是从艺术的意义和功能说，却是落空了。其实我们还可以举更突出的例子。我们歌赞的一些杰作，往往这些杰作早已不存在。像希腊菲狄亚斯的雕刻、王羲之的字、吴道子的画……都成为观念的作品。它们代表人类思想、艺术活动的某一种理想的最高成就。它们在历史上实际存在过，但我们手里的只是残片或摹品。在观念上我们必须讲它们，它们也必须存在。

这样看来，岂不是作品的物质部分可以根本取消么？的确，观念艺术家有这样的想法。比如德国的波依斯（JosephBeuys，1921—1986）到日本演讲，他以为演讲本身就是作品，他和听众在这空间时间共同创造某种东西。比如说我临行的前两天，在巴黎现代美术馆看了三个观念艺术家的展览会，其中的一个是劳伦斯·维纳（Lawrence Weiner, 1942— ）。他的作品是直接写在展览室四壁的一些句子，其中有三条是可以注意的。

艺术家可以实现他的作品

作品也可以由别人来实现

作品也不一定要实现

照这样说，作品只是一个观念，有了观念，艺术家自己做，由别人做，都一样。甚至不做，只要观念在便行。美国一个艺术理论教授麦克艾维里（Thomas McEvilley，1939—2013）在 *Art Forum* 杂志写了一篇讲观念艺术的文章，题目是"I think, therefore I art"，直译出来就是"我思，故我艺术"。题目的典故出自法国理性主义哲学家笛卡儿（Descartes，1596—1650）的名句："我思，故我在。"（I think, therefore I am.）他认为感官经验是不可靠的，我所在的这个世界，连上我自己，都是可以怀疑的。唯一我无法怀疑的真实是"我正在思想"。而既然有"正在思想"这回事，那么作为思想活动之主体的我也必须是存在的。这个命题在欧洲哲学史上非常重要，后世还常常引用、讨论。萨特（Sartre，1905—1980）在他的《存在与虚无》一书中还花长篇讨论过。麦克艾维里就借来说明观念艺术的"想"的重要性。所谓"我思，故我艺术"用流畅的意译，也就是说"我的构思就是创造"。把"构思"和"创造"两个动词换成名词，也就是"观念就是艺术"。把"观念"和"艺术"两个比较抽象的名词换成两个比较具体的名词，也就是"文字即是绘画"。我这样做词汇替换的程序，大概会有人要担心我在做什么逻辑手脚，引大家掉到什么逻辑陷阱里去。不，我们最后引导出来的判断"文字即是绘画"，确是很多观念艺术家的想法。（所以有的谈论观念艺术的要谈立体派把 Journal——报纸的字样引入画面。)

艺术欣赏本有隐约的观念在活动。康德说美是直观与理性的统一。一个美的形象,使我们觉得这形象暗示一个意义。这意义也许说得出,也许说不出,而在欣赏的时候,我们往往努力把它说出来,也就是把目前的形象折换为观念。如果我和朋友一起欣赏画,我就尽管把我得到的观念说出来,传达给朋友。比如一幅画画的是一片湖、几点山、一个钓船、船上一个渔翁。如果我们说这画画题是"秋江独钓",似乎就有一种落实感,把画面的种种统一在一个观念里。单"秋江"两个字,好像就说明了很多画上的东西。或者说画家是要通过那许多东西的刻画,挤出"秋江"这一个观念来。显然"秋江"两个字并不能替代画上的疏林、红叶、芦苇,等等。但是画上的疏林、红叶、芦苇等必须统一在"秋江"这个观念中,把这个观念微妙而丰富地衬托出来。一幅好画并不只暗示一个观念。"秋江独钓"还只是个题目。在我们欣赏玩味的时候,我们会说:萧瑟、寒荒,我们会说:笔法苍老、意境空灵、

黄慎 《烟波独钓图》

清远，等等。我们说了这些话之后，就会觉得能够更确凿地把握到这张画，可以更便利地储存在大脑资料库里。所以艺术品本身有观念，但这些观念溶解在形象与空间里，就像糖溶解在果子汁里。艺术欣赏固然是品尝果汁的甘味，但是欣赏的一部分活动是把果糖提炼出来，也就是把观念从作品中提炼出来。好的艺术品是趋向观念的，有效地暗示观念的。传统的艺术品虽然趋向观念，可并不让人看见观念；近代艺术则使人清楚地感到观念的活动。到了观念艺术，则把生硬的观念提炼出来，强加给观众。

把形象转化为文字本是欣赏者的事，观念艺术家则把这工作变为创作者的事。所以在观念艺术展览会中就有大量文字出现了。我想有人一定会想，中国绘画不是有文字出现的么？传统水墨不是题字么？对。我们的确可以说这是一种"观念艺术"意图，把绘画用文字来延长。中国传统绘画的画面上为什么可以容纳文字？这是个很有趣，也很重要的问题。我在这里只能简单地回答一下：

（一）中国画本来是"写意"的，"写意"就是传达一个观念，是一种图解，图解往往要求文字的帮助。

（二）中国画的空间是"图解"的空间，不是制造三度幻觉的，这是一种游移在二度和三度之间的，而书法的空间也是游移在二度和三度之间的，所以二者可以互相容纳。中国画的空白处，你说是三度也好，说是二度也好。画上云、鸟固然可以，写上字也可以。

西洋画是"写实"的，传统的西洋画透视法要在画面上制造一个三度的幻觉世界，这是一个严格而自足的世界，没有不确定的空白，文字无法加进去。你要在画面上写字，不是写在画中的窗子上，就是写在人的衣服上，或是写在天空、白云上。所以在文字与绘画互相排斥的传统中，观念艺术的出现是一件大事。"文字即是绘画"的命题也好像是十分骇人的口号。西方的观念艺术也因此处处显现出观念与艺术的冲突与分裂。

中国美术史上，题画虽然也是一个重要的关键事件，但好像是很自然的现象，从"写意"到"意"，

夏圭 《溪口垂钓图》

从形象到文字,没有跨不过去的鸿沟。我想也因为这个缘故,我的这个展览会,说是观念艺术的展览会,听来是前卫的流派,然而也继承一个传统,并不是高呼"火烧卢浮宫"式的惊世骇俗的叛逆举动。不过在中国文化体系中看,我想,也还是有点新的意味。

但是,我仍然把这个展览会名为观念艺术展,因为我要展览的不是一件一件的作品,而是展览会的观念。我有了这个构想之后,在巴黎和朋友们谈起,他们也很兴奋,动起脑子来,也就是说这个初始的基本观念已经在发生作用,这展览会在那里已经开幕。筹备这展览的时候,不止我一个人很紧张,积极协助我实现这个展览的人都很紧张,像画廊的徐海玲女士,其他雄狮的工作人员,像《人间副刊》的金恒炜先生、张文翊女士,他们都是积极帮助我把这个观念降生下来的有力助手。在这"展览会的观念"未降生之前,大家都不太能预料究竟实现之后是个什么样子,我自

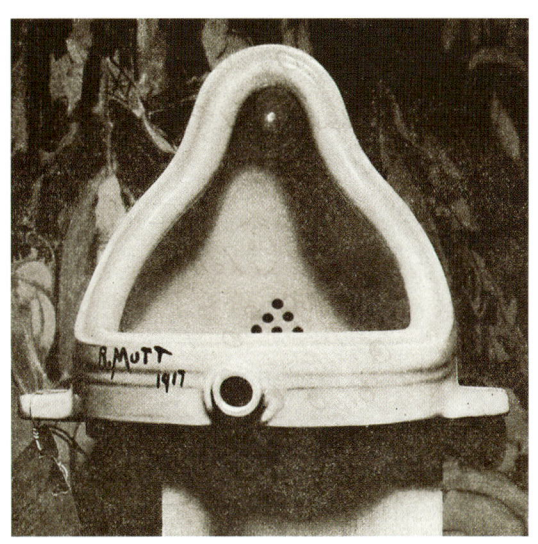

杜尚 《喷泉》

己也不能。现在展出了，在画廊里有写出来的展览，在这里又有了说出来的展览，究竟这个展览会是什么，当然还要请各位在大家的观念里，形成新的观念，储存在各位的大脑资料库里。

这个展览会的展览会，本是一个观念，本来也可以不实现，现在实现了，成功不成功呢？这个问题作者和观众的观点不同。在作者，成功不成功，就是展出的展览会和他原有的观念符合不符合。按照柏拉图的说法，必然是不成功的。因为在他的哲学体系里，观念才是完美真实的，实际的事物都是有缺陷的。所以展览会的现场当然不如展览会的观念，展览会的展览会也当然不如展览会的展览会的观念。相对于观念，实现了展览会是先验地要失败的。

至于观众的反应，我则希望他们认为这是一个失败的展览会。为什么呢？因为，如果他们有所批评，那就是在他们的脑子里出现了一个标准、一个观念，他们有了展览会的观念，或者展览会的展览会的观念，有了这个更高、更完善的观念来评价一个实现的展览会,当然实现的展览会是逊色的,但是能够使大家发生这观念,那么观念艺术的目的已经达到,观念艺术家已经可以满足了。

最后我还要说一点:现代艺术家所追求的往往不是"好",而是"新"。观念艺术家也是如此。新的,也就是别人没有做过的、唯一的。因为是唯一的,就无法比较,既然无法比较,也就无好坏的问题。他们用"唯一"来顶替"好",用"唯一"来保证作品存在的必要和价值。这使我想起大学时代读哲学的一段事。西南联大聚集了当时许多国内知名的教授,哲学系有一位教授名沈有鼎,是一个极怪的人,极不修边幅,著作不多,但学问很为同学们所佩服。他授一门形而上学。每次挟一本大洋书来上课,那是中世纪圣托马斯·阿奎那的神学。他讲的话我大都忘掉了,但是有一段偏偏记得很清楚,就是"天使"的定义。我们都知道天下事物都分为很多类,每一类中有很多个体。比如中国人中有张三李四……张三胖、李四瘦、王五矮、钱六高……各有特点,相较之下,各有优点和缺点。

那么天使是什么呢？天使是一些类族，每一类中只有一个成员，这成员是唯一的，只有他自己。既然是唯一的，当然能够，而且必须完美地代表这一类，这就是天使。现代的艺术家都有这个妄想，就要做"天使"，希望他做出来的东西只有他做得出来，他是唯一的，无法和别的作品作比较。他们以为如果新到无法再新，怪到无法再怪，当然艺术史上必留一笔，有了这一笔，他们也就满意了。我没有做天使的野心，我并不以为我的作品是唯一的、无可比较的。由于逃避评价，我的展览会只是一个尝试，提供一个观念艺术的可能样式，仍愿意听到大家的意见、批评，并且给我更高明的观念。谢谢各位。

1985 年

观念展览之后

最近收到了台湾《书法艺术》杂志两册,是该杂志社社长张建富先生寄来的,其中有1985年的第3期。翻阅之后,才知道那年10月曾有人组织过一个座谈会,讨论我8月底在台北雄狮画廊举行的个展:"展览会的观念——或者观念的展览会"。我是在9月离开台湾的,后来画廊没有寄过什么报刊资料来,所以个展引起怎样的反响,无论是肯定的或否定的,我都一无所知。读了这座谈会的记录,才知道展览会曾引起若干人的非议。我感到应该做一些回答。列席的是几个年轻的艺术家和与艺术活动直接有关的人,他们的责难,我想,一定是认真的、诚实的。虽然事过一年多,我觉得还有说几句话的必要。记录中一再提到责任的问题，这责任我当然愿意负起来。

读的语言文字

我首先要说到我的诧异。座谈会上也确有人说起："观念艺术比较涉及语言层面和逻辑思考方面。"这话大致是对的。确有一部分观念艺术家认为："语言和观念是艺术的真正本质，视觉经验和感官愉快只是第二位的。"[1]我也的确大量运用了语言文字，但是在座谈会上，竟没有一个人的发言触及展览会的文字内容和逻辑思考。这言行不一致是十分奇怪的。我想有一个解释：观念艺术用了文字，但并非文字，所以观念艺术家虽然采用文字，往往并不真的让人去"读"。观念艺术的文字有让人"看"的，有让人"读"的。我觉得座谈会上的人有一个共同的先入为主的成见，就是认为观念艺术的文字不必去读，邀人读的文字是

---

[1] 引自美国史密斯《观念艺术》。此文大陆有侯瀚如的中译，载于《世界美术》1985年第1期。

非观念艺术的。

首先他们连展览会的名称也忽略了。一般的展览会无需有题目，只要标出"某人个展"便行。这里去拈出一个观念："展览会的观念"，说得更清楚些，就是"对于'展览会'的想法"；再清楚些，就是"在展览会中展出对于'展览会'的反省"。

对于生存的反省是哲学，对于艺术的反省是美学，对于展览会的反省应该是属于美学的一个题目，而以展览会的形式来做对于展览会的反省则只能是"观念艺术"。

座谈会上，没有人提到组诗，虽然这是展览会的主要组成部分。因为没有读到语言文字，当然也就下了"没有观念"的结论了。有意思的是，恰有另外的观者特别看到了语言文字，对语言文字发生了兴趣，像在一杯果汁里尝到了甜味，说这里面有糖，于是把糖提炼出来，当作糖品味。我想这就是《1985年台湾诗选》的编辑们为何把这组诗当作"诗"收入了选集。在我，多少是有些不安的，因为当时写的时候，心目

杜尚 《下楼梯的裸女》

中先想着让它们呈现在一个画廊的四壁上,作为和观者的一组对话。我在展览会的"构想和布置的备忘"(以后简称《备忘》)中也提到这一组诗的"诗性":

> 文字的内容应该是浅出深入的,因为展览会里的观众不是坐在图书馆里的读者。他以悠闲的心情来,以看画和雕刻的心情来,他的眼光是广

幅面的,不是逐字阅读式的。这是一个形象的欣赏者。文字必须明朗洁净,使人一接触,立即尝到某种意味,可是愿意反复咀嚼的,也还能在深处察觉出另样滋味来。

《1985年台湾诗选》的编辑来信问我愿不愿让他们把组诗选入诗集的时候,我有些疑惧,因为我实在不知道这些诗是否应该从展览会的现场中隔离出来,一旦隔离出来是否还站得住。这些诗竟然被肯定,在我当然是觉得可欣慰的。不过,有人会说:"你掉入

伊夫·克莱因　《蓝海绵浮雕·小夜曲》

自己的逻辑圈套里了。正因为这些是规规矩矩的诗，这展览会顶多是个诗的展览，称不上是观念艺术。把这样的展览名为观念展览是个骗局。"我想这组诗果真是诗，也不足证明展览会就不是观念展览会。正像中世纪的耶稣雕像被当作雕刻陈列在美术馆里，这并不证明它原先不该悬挂在教堂的神龛上。

　　当然，用了语言文字并不就意味着观念艺术，否则观念艺术就等于文学了。观念艺术的语言文字是在造型艺术发展到一定阶段时跑出来的。比起极简主义艺术（minimal art）来，它对物质媒介做更进一步的减约。物质成分都取消了，当然只剩下艺术品未诞生前的观念。这观念以文字表现出来，然而它是非文字的。它孕育造型，又是造型的产儿；它仍属造型，又否定造型。观念艺术的观念说它自己，说它自己的诞生、欲求、成功与失败、绝望和死亡。

　　　　我有那么多话
　　　　要跟你说

可是说不出

词汇　都不可靠

或者太旧了　破烂了　（组诗七）

我拿起颜色

颜色从指缝间

漏掉了

我描一条线

形象从线边

滑开了

我想说话

想说的字怎么也想不

　　　　　　　　起来

啊　啊

我可不能这样死掉　（组诗八）

展览会的反思

我诚然多年没有做展览活动了，但并不是不看别人展览，不注意艺坛的尖端情况。我有着更冷静的旁观的机会。在这资料爆炸、艺术品泛滥的时代，我不愿轻意制造污染时间和空间的废品。在多年不展览后的第一次展览，在台湾的第一次展览，对于"展览会"有着慎重和警惕，同时发生一连串反省也是很自然的。所以组诗的第一首，悬在展览会的进口，便是"展览 展览 展出什么呢 这个世界已经太满"。这个展览会可以说就是以这个命题作为出发点的。

"展出什么呢"，这是有了开展览会的可能时，我心里涌出来的第一个问题。这是我准备这个展览会期间一直缠绕在脑里的一个问题。如果先画出了一批画或者制成了一批雕刻，再去寻找画廊、开展览会，那是一个不同的步骤，在那一种情形下，当然不会产生"展出什么呢"的问题。现在是我有了开一个展览会的可能，在这展览会中我得试图介绍过去40年间做了的各式各样的艺术活动。

所谓"展览会"是什么意思？我用怎样的方式去定义这个展览会？又用怎样的展览会定义我自己？"展览　展览　展出什么呢"竟然成了哲学性的问题。这些问题本身形成了我的展览会的主题。

当我理会到我在思索"展览会"的定义的时候，我很自然地决定，以这个展览会思索展览会；我同时发现：这个处于哲学与艺术之间的课题，对我有极大的刺激性、挑战性。展览会以"展览　展览　展出什么呢"这样一个问题开始，以"忘掉展览　忘掉展览"这样一个否定语结束，前后像引号把展览会引出来。在这之间有我的独白，有我和观者的对话，关于展览会，以及关于创作与非创作，关于欣赏与非欣赏……关于艺术与非艺术。

如果有人以为这展览并非观念艺术的,那么要看作传统的展览却也并不可能。在传统的展览会中,艺术家通过作品打动观众;在这里,作品是对话,对话也即是作品。

我把要说的话平实地说出来。"你来了"(组诗五),"你终于来了"(组诗六),"我有那么多话　要跟你说"(组诗七),这都是对观者说的话,像对一个朋友、一个情人,"我等了那么久"(组诗六)。

但是我在展览会中说展览会的不可能,"不前卫　不正统　不古典"(组诗二);我怀疑自己,"我　已经　累了　腰　背"(组诗六);我怀疑自己的能力,"我想说话　想说的字怎么也想不　起来"(组诗八);我也怀疑观者,"你是我所期待的么?你是我所期待的么"(组诗四);但究竟也抱着希望,"你的眼睛　擦在这粗糙的表面　会燃烧起来　把我们俩都照亮"(组诗十)。

我设想观者走到一半的时候,有的人可能对这样的展览发生怀疑了,不耐烦了,甚且愤怒了;不过,或者也会有人暗暗颔首说"有意思"。所以20首组诗的第十一首是这样的：

> 你说
> 有光
> 就有了光
> 有海
> 就有了海
> 也许你会说
> 有诗
> 而且说
> 有一个人

观者一定会记得《圣经·创世纪》的首章："神的灵运行在水面上。神说：要有光。就有了光。"观者在这里有着神的权能，观者说有诗，就有了诗；说有艺术，就有了艺术。

要创造，必是新的意象，有时我们自己都不敢相信、不敢承认,"你是画家　涂抹出一些未尝见　的形与色　未尝见的形与色　被你自己撕掉了　池边饮水的鹿　看见头上新生的角　跃起逃窜了"(组诗十二)。要欣赏,观者得有接受的先决条件。一般的观者在这个消费品充斥的世界里失去了欣赏感受的能力,失去了食欲:

   他们还缺少什么呢?
    缺少一点
    空白吧
   缺少一点缺少
   缺少一点小小的饥饿
       和渴　(组诗十四)

  经营作品总是辛苦的,"我还没有完成诞生　迟迟的难产　我是婴儿　我是母亲"(组诗十七),"我已经受不了了　身子的沉重　阵痛已经开始　痛得厉害　痛得厉害"(组诗十八)。

凡展览会都不免有造作与夸饰，而我不愿有一般展览会的招摇：

没有斑斓的
　　卫道的
大旗与教条
没有鲜丽的
荒诞
前卫
媒体和广告

如此只如此
此念与无念　（组诗二）

献给你
　　原样的璞　（组诗十九）

我在展览会中否定展览（组诗倒数第二首都是这

样开始的:"不是展览")。在艺术中否定艺术是观念艺术的一个基本特征。

最后展览会终被否定,观者离开的时候,带走几个观念,回到生活,回到他自己:"忘掉展览　忘掉展览　把园门关上吧　锄头和耙子　都在丁香花下喜悦于人的还原　喜悦于人的还原"(组诗二十)。

展览会开了,又结束了。我不知道别人从这里得到什么。对我自己说,我觉得完成了一件工作。在构想筹备的时候兴致很高,按自己的想法去做,觉得很自然;而在我的生命中出现这样一个展览会也似乎是一种必然。

"你来了"

座谈会上一再有人说"这要负责任",他们把我看作织制国王新衣的裁缝。从人我之间的关系这一角度说一说我的心理状态吧。在这资料爆炸、艺术品泛滥的时代,大家被紧张的生活节奏赶得喘不过气来,如果有人，即使只是一个，能抽出时间，挤着公共汽车，冒着风雨，上十层楼，来看这个展览会，也足令我惊惶、感激，我岂能存心唬弄诈骗？

其实，这心理也是明明白白地写在展览会里的，属于对展览会的反省的。

你来了
我能赠给你什么
你来了　慢步着
　低思着
你牺牲了你生命的
这一分钟
　倾着友好的耳
　眼睛闪着
　好奇的火
　心在敲……（组诗五）

你来了

快活地

　　　　整个地

　无保留地

　带着你所知的

　　　你所能的

　　　你所是的

　无限

　　　纯一……（组诗六）

　我多么愿意

　创造一个奇迹

　让一双嘴唇笑……（组诗四）

　　心在敲　而我

　只是一面旧破的镜

　　以我的全力

　　以每一块碎片

　　　歌唱你（组诗五）

如果观者只看见一些墨迹，并未进入文字的层次，而控诉我"欺骗社会"，我也并不怪责他们。因为通常现代艺术的展览会决不以这一种态度来对待观者的。"歌唱你"——这许是过时的陈旧的心态了。我看到过各式各样的展览会：空无一物的、塞满垃圾的、喧嚣震耳的、亵邪的、恐怖的、荒诞的、血淋淋的、乱糟糟的……它要使观众眼睛痛、头痛、呕吐，我也曾哑然、瞠然、绝望、愤怒，觉得被欺骗、被愚弄、被迫害。"他们展览 他们宣传 展览他们的野心 宣传他们的恶心 他们在自杀 死的是我们"（组诗十五）。

这类作品太多了，以至于成为正常。座谈会上的人似乎期待这样的感官的和精神的磨折。他们说："应该给我一个冲击。"在这里，没有得到暴力的冲击，他们失望了，说我"轻视当地的艺术水准"。我怎能怪责他们呢？如果他们已经习惯于嚼玻璃碴、睡钉子床之类的表演。

啊　观众朋友

> 你那么喜欢戏剧性的
>
> 　　　　展出
> 你参加过那么多轰动一时
> 　　的事件艺术
> 你买过那么廉价的
> 让画家饿死穷死吐血死
> 　　　　的杰作
> 你赞美过那么多的愚蠢
> 　　　　和谎骗　（组诗十六）

我也曾在一开始便提醒观者了，"你的眼睛已经超重　超速　你的眼睛已经故障　慢下来　停下来　给你以新的看"（组诗一）。也许我应该在进门的地方真地安装上红绿灯，闹市十字路口的红绿灯或者舞厅里伴着迪斯科一亮一灭，轮流闪击的彩色灯，让观者的视网膜先透彻地遭受一顿酷刑。现代艺术中作者与观者之间的关系反映着现代人的人际关系：疏离、矛盾、斗争，少有同情、慰藉。现实生活中尚有人提倡爱与善，

熊秉明 《乌鸦》（1956）

且为此献身；在艺术中，有此倾向的便被认为是陈旧的、落伍的。

往事片段（一）

他们之中有人说："我也很怀疑他在法国是不是有接触观念艺术。"

如果这是作为一个问题来问我，我倒愿意回答，也回忆一下。50年代后期和60年代初期，在美国和欧洲出现了对于艺术作品加以否定的潮流，现在有人称作"前观念艺术"。第二次世界大战后抽象主义雄踞了艺坛,抽象主义把艺术品的纯粹性推到了巅峰。对画只存留它的绘画性;对雕刻只存留它的雕刻性,造型以外的问题都在排斥之列。自然的形象、生活的气息都要涤净,最极端的便是硬边平涂的几何抽象。这倾向带来的反作用便是要破坏绘画雕刻的纯净性,否定绘画与雕刻的分野,否定生活与艺术的分野,从实际生活中取来一件实物或一堆实物作为作品。在这潮流中最活跃的一个巴黎画廊是伊丽丝·克蕾尔(Iris Clert)画廊。女主人克蕾尔是希腊人,虽然从小在法国长大,但是个典型的希腊性格,烈火样的,她自己

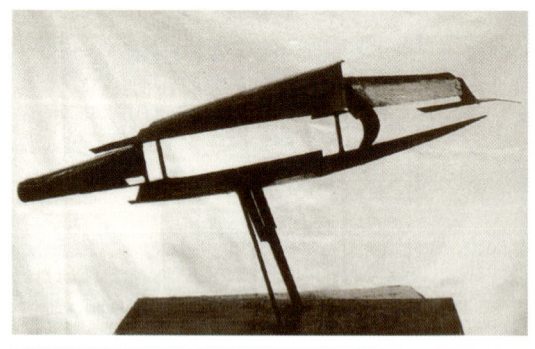

熊秉明 《乌鸦》 (1957)

丁格里、克莱因 《纯粹的速度，稳定的单色画》

说是难驯的、爱豪奢的、爱猎奇的、爱出风头的、爱冒风险的。当时在艺坛上不断地制造所谓 scandale（奇闻、丑闻、轰动事件）。后来成名的伊夫·克莱因（Yves Klein，1928—1962）、丁格里（Tinguely，1925—1991）、塔奇司（Takis，1925—？）、阿尔曼（Arman）……都是她那时所发射（1ancer）的明星。还有一个为他们摇旗呐喊的评论家，是雷斯塔尼（Pierre Restany），所标榜的流派是"新写实主义"。画廊只有20平方米，在巴黎第六区画廊密集的一条小街上,街名是美术街,因为美术学校就在100米之遥。每当她举行展览会开幕时,往往引起街道阻塞,惹得邻居打电话到警察局去抗议。她认识我是因为在五月沙龙见到我的铁雕《乌鸦》。那时她正在筹备画廊,向我说:"我的画廊成立之后,首先展出你的作品。"我在她那里举行过两次个展(1956、1957)。但是当时我厕身于她的卫星群,克莱因、丁格里……诸人之列是并不自在的。我觉得和他们不属于同路人。不但艺术道路不同,性格也大相径庭。他们说话、态度像绿林豪杰,叱咤风

丁格里 《向纽约致敬》

伊夫·克莱因 《单色画》

云,不可一世,我不以为那就是一种艺术家的气质。活动得最热闹的是克莱因。1957年夏展出《单色画》(monochrome),展览室里挂出9幅尺寸不同的画,一律是平涂的同样的深蓝。次年展出《空虚》,则连画也没有了,橱窗之外,只有三面白墙……当时算是惊世骇俗的行动,我只感到颇为无聊,并没有特别的惊异。我想起魏晋时代竹林七贤的故事,我怀想《世说新语》

里那些简傲任诞的人物。这大概和我读过哲学有关，我以为如果有一种哲学艺术（那时还没有"观念艺术"一词），那观念必比"单色画"之类要微妙深入得多。

往事片段（二）

六七十年代，观念艺术的观念逐渐风行，有一些作品也曾给我以一定的震动，引起我尝试的欲望。

我看到塔皮埃斯（Tàpies，1923—2012）的大幅类似土墙沙墙的复制，土黄色、赭色，那上面有一些刀

塔皮埃斯 《七把椅子》

罗逊柏格 《飞行员（干扰系列）》

尖刺出来的痕迹……十分动人。我想起云南老家村巷里的土墙，在风雨剥蚀的高高低低的表面上，印着牛角擦过的、猪肚皮磨出来的坑坑道道，有孩子们画着的什么，有土蜂出入的洞穴……我顿时觉得全身暖起来，被一种熟悉的气氛所包围，浓烈而醉人，甘蔗成熟的季节，红糖、砂糖、扯糖、冰糖，不同的香味混合起来的酒糟的芬味……我曾试着制作过我的墙壁，然而我没有展览过。我是胆怯的，我怕别人不懂，说我在盲目摹仿，说我走入魔道了，说我发疯了。

我看到罗逊柏格（Rauschenberg，1925—2008）的

浇上了颜料的床单，我的心一动。我想起20世纪40年代的学生运动中，在游行队伍里，曾把死难同学的血衣挂在十字形的竹竿上做物证，那是比标语更强烈的抗议口号。白色的衬衣，暗褐的血斑，衬着沉重铅灰的天空，在挤满了人，堆满了严肃的面孔，然而没有声音的窄小的街道上浮过去，像西班牙人扛着耶稣被钉在十字架上的受难像游街……我以为那血衣要比罗逊柏格的床单有意义得多……我想去制作那血衣，然而我没有。我是胆怯的，我怕别人不懂，说我在盲目摹仿、说我走入魔道了、说我发了疯了。而且复制那血衣，是歌颂？是亵渎？……我不能。

在展览会中，我曾看见几堆乱石，几条新斩的白桦树干，玻璃板上抹上稀泥，烧成陶坯的没有形状的龟裂的红黏土……这些都曾引起我难名的激动和痛楚。

这痛楚也仿佛有人表现过。在巨大的花岗岩上扎一条薄薄的纱布绷带，棉花上隐隐地浮现出红药水的桃色。是的，我看见那些乱石堆的时候，我的痛楚似乎是属于石头的，属于受难的大地的，我要去为它们扎裹永远的伤痕和悲哀。

有人在画布的中央画一条水平线，沿着线的下缘写着一行字："我越不过这一条线。"画十分简单，按传统看法，根本不是一幅画，意思却很叫人揣测、玩味。这是一个哲学意味的图试。我想我也为自己画了一条线，我跨不过去。我胆怯，那一条线凝聚了一个道德意识，线之上是禁区，一旦越过去，我便走入邪道，变成叛徒、傻子，或者疯子。

无疑，我的成长背景使我对于流行起来的观念艺术以及类似的流派有着抗拒，然而，也感到某种怪异的吸引。

我是作为一个经过了抗日战争、在民族斗争意识中培养起来的人，后来到西方学艺术，对于西方正统的、健康的、积极的文艺复兴人文主义思想，有着道义上的护卫心理。但是另一方面，由于哲学的好奇、艺术的敏感，对于西方两次大战之后萌起的现代艺术，反正统的、反理性的、反传统美学的种种，也不能不有所反应。1947年我初到法国，看到布尔代勒的雕刻，

布尔代勒 《拉弓的赫拉克拉斯》

| 展览会的反思

毕加索、贡萨列斯 《花园里的妇女》

布朗库西 《吻》

觉得那一种剽悍雄强的风格可以作为中国人建造巨型纪念碑的借鉴。要塑造鸦片战争以来中华民族争取自由独立的英雄人物必须采取这样的史诗的手法。但是后来看到贾科梅蒂的细瘦如枯枝的人形，看见人的孤独、脆弱、惶恐，看见了存在现象中的另一个极端的景象。又看到布朗库西（Brâncuşi，1876—1957）简洁结晶的立体、贡萨列斯（González，1872—1942）朴质深沉的铁构、摩尔（Moore，1898—1986）广阔雄强的人形、阿尔普（Arp，1887—1966）的触觉的柔美，毕

贾科梅蒂 《三个行走的人》

勒（Bill，1908—1994）几何理性的构成……我觉得创造的可能性太多了，没有必要画一条线，把自己限制在这条线以下。最重要的问题是寻找自己的道路，这道路很可能通到过去以为的禁区去。

多年来，我的成长背景所造成的道德意识使我对于克莱因、丁格里一群人有着戒惧，没有想到30年后，我竟然自己做了一个观念的展览会。我自己也不免惊讶，但细想又觉得并非是突然的，关于这一点我在台北的演讲里做过说明，这里不再重复。可惜1985年从台湾回来后，没有去看一看伊丽丝·克蕾尔。去年冬天她突然去世。如果和她谈到我的展览，不知她会说什么。其实，我没有去看她，也是很自然的，因为即便在今天，我自己做了观念展览，我也认为和克莱因、丁格里一群人并非同路的。

艺术的死亡

（我在这一节里谈到所谓"艺术的死亡"。我特别想解释一下黑格尔提出的"艺术的解体"。在他的哲学系统里，艺术发展到最后一个阶段，绝对精神就不再满足于用艺术来表现，而走入宗教与哲学的领域。这时艺术将"越出它自己的界限"。这样看来，观念艺术正是这解体期的产儿，它有浓烈的哲学意味，而且它否定艺术本身。我本想在这里给观念艺术以一个哲学基础、一个较明晰的定义。但是这样写下来，有点像写哲学论文了，在这篇文章应该提到这个问题，却不应嵌进一段哲学议论，所以我把它删去了，留下了题目和这一段附记。）

在中国传统中

（我不以为观念艺术是全新的东西。在中国，观念艺术的源起可以追溯到庄子。《庄子·齐物论》里有这样的话：

有成与亏，故昭氏之鼓琴也；无成与亏，故

昭氏之不鼓琴也。

郭象注:"不彰声而声全。"意思是:不鼓琴,则音乐以完全又完美的形式存在于我们的观念中。陶渊明在家中悬着一张无弦琴是这意思的另一种表现。泰山有无字碑,据说汉武帝自以为功德无边,难以言尽。又陕西乾陵也有一座无字碑,据说武后遗言:"己之功过,由后人评。"这也很有观念艺术的意味。座谈会中有人说我提出的观念不很前卫,"而且很古老"。我认为观念艺术既然是一种艺术,它的特质早潜藏在艺术中。又从文字与艺术的关系看,中国书画本有"观念艺术"的倾向。但是这些问题要发挥,话会说得太远了,所以我终于把它删去了,留下一个题目和这一段附记。)

有观念的观念艺术
和无观念的观念艺术

二十多年来,观念艺术的流派纷杂。我想也许可以分为两大类：有观念的和无观念的。

一、有观念的观念艺术利用文字，写在纸上、布上、书里、地板上、墙上……劳伦斯·韦纳说得最极端："没有语言就没有艺术。"他的展览会就是把文字直接写在墙壁上。不过现代人的传播工具已不限于文字，所以其他信息媒介如图片、公式、表格、文件、邮件、录音、录像、电视……也都可以被用来当作观念艺术的工具。

伊丽丝·克蕾尔在1953年举行过一个群展，以她的肖像为主题。美国画家罗逊柏格打了一个电报给她："如果我说这是伊丽丝·克蕾尔的肖像，那它就是。"伊丽丝即刻把这份电报装上框当作肖像之一陈列起来。

对于这一类观念艺术家，说出来的话比做出来的事物更重要。

麦克艾维里有一篇论观念艺术的文章，题为《我思，故我艺术》。

二、无观念的观念艺术以一个行动或者一个摆设暗示一个观念，那观念究竟是什么不说出来，也说不出来。比如座谈会上有人举出的例子——"在一块画布前，点一支蜡烛，蜡烛的光圈投在画布上面"。这里有一个观念么？什么样的观念呢？作者未必有一个明确的观念。

有观念的观念艺术在表现手法上否定了传统绘画雕刻，否定了它们的物质基础。无观念的观念艺术否定得更为彻底，因为它暗示一个观念，而此观念似有而实无。这样的作品在基本思想上和禅宗的公案相似。摆几桶水，摆几堆废麻布袋……看起来令人不解，觉得荒谬，又似乎有一个道理，果有道理么？"诸法实相本是无"，那道理正是"着衣吃饭，屙屎送尿，无非妙道"。生活与艺术并无疆界，正是"悟前无道可修，悟后无佛可成"。把生活中的一个细节略加移位，艺术于是出现，然而虽然称之为艺术，其实还是生活。把生活的一个细节略加变形，于是好像闪烁着一个意蕴，然而亦只是"好像"。山仍是山，水仍是水。

我的展览会不属于无观念的观念艺术，用无观念的观点来看，当然要觉得不合标准。座谈会中所举的许多例子多是无观念的观念艺术，出席者似乎把那些例子都认为是观念艺术的典范,可以用来衡量我的展览的不合定义。

我在《备忘》一文中的开始便说:"做'观念艺术'有大自由,不应受任何已有的'观念艺术'活动的影响,使他们变成眼障、绊脚石。"

观念的图案

我用的主要工具是文字和语言。展览会的主要部分是 20 首组诗和一个与展览会平行的演讲。展览会本身是对展览会的反省;演讲是对此反省的反省。会后印了一个册子,又加进一篇文章:《构想和布置"展览会的观念 观念的展览会"的备忘》。就观念艺术展览会说,这"备忘"当然是十分重要的。按"我思,故我艺术"的说法,这"备忘"已经是展览会。

把观念当作艺术的材料,那么运用观念像运用颜料或塑泥,必把观念塑造揉捏,做各种溶调配搭,试验它们的种种效果,这一种加工会有人认为我在做诡辩。例如：

> 展览一个展览会
>
> 展览会的展览会
>
> 展览会的观念，或者观念的展览会
>
> 展览会的观念的展览会
>
> 展览会的观念的展览会的观念的……
>
> 以观念激发观念
>
> 展出的展览会必定不如观念里的展览会
>
> 展出的展览会可能在观者心里引出更完美的展览会的观念
>
> 观者不满意于展览会表示他有了更完美的展览会的观念，那么展览会在这意义下便成功了。

我并没有立意要玩这样的游戏：这些观念、命题和推论是在这样一个观念展览中很自然地产生的。它们是一些观念的图案，但也不仅仅是一些观念的图案。

座谈会的人最不满于最后一个推论。"这是狡辩"，

"这是很恶劣的态度"。其实这是沿着观念艺术的思路想下去所得到的结论。这是艺术之内的事。看得认真，便是提了刀奔到戏台上找曹操算账。

至于整个展览会有没有一个统一的观念呢？我以为我不应该做正面的回答。我只引展览会组诗十八的最后几行。

> 我要昏过去了
> 我超常地清醒
> 　我要死了
> 　我要生了
> 啊　啊
> 　产婆在哪里？
> 　产婆的儿子在哪里？
> 名字叫苏格拉底的
> 　　　在哪里？（组诗十八）

> 我是婴儿

我是母亲

　　一千次我叫出第一声

　　一千次我叫出最后一声　（组诗十七）

一杯水之外

　　座谈会中的发言，我并不一概抹杀。有人以为展览会的筹备显得"匆忙"，这是或可以承认的。我这次在台北总共两个星期。第一个任务是参加台湾《中国时报》评审诗奖。我必须读21位诗人的长诗，9位诗人的诗集；我必须静下头脑来细读，并且抽析出自己的意见。其次要准备这个展览会，字是看了会场之后才选定纸种动笔的。既然是第一次来台湾，要留出时间拜访很多人。离去时，台北之外，宝岛的风光竟完全没有游览。在如此紧张的日程下，展览会的布置不免有所不足。我自己也感觉到的。

　　展览场中有一杯清水。我原想在杯水之外还陈列一件自然物：在台湾当地寻来的一块石头，平平常常

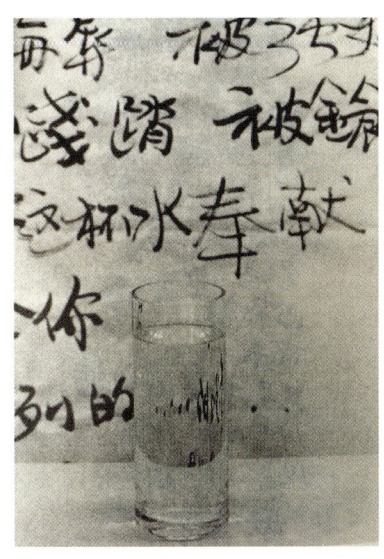

一杯水

的石头,也放置在一个雕刻座上。石与水两相对照:柔与坚、流体与固体、透明与实在。水,在诗中演一个角色:"我把这杯水奉献 给你 清冽的"(组诗三)。石,在诗中也演一个角色:"太黯淡了 太土气了 原谅吧 献给你 原样的璞(组诗十九)"。

还想陈列一样东西,不是自然物,而是人工的:装电气器材的硬纸盒子。长宽高各约54厘米,四个方盒叠起来,四面用毛笔写满字,抄录组诗第十四首:"他

们有　太多的汽车　太多的录音机录影机　电影机电视机　大哥大和电脑　太多的钞票发票股票　太多的唱片幻灯片电影片　太多的消费世界的美妙。"

最后我想在组诗第五的近旁悬一面破裂的镜子，照出观者自己的面影。"心在敲　而我　只是一面旧破的镜　以我的全力　以每一块碎片　歌唱你"。

因为工作紧张，我没有能抽时间去山涧里拣石头，去百货公司寻找适当的硬纸盒子，没有能在离开巴黎前去跳蚤市场找一面古旧的裂碎的镜子。这是遗憾的。不过从观念艺术的角度看，把这些意图写在这里，也足以补偿了。

我们的观念艺术

列席座谈会的郭少宗先生发表了一篇文章，题为《月亮与指头的距离——熊秉明观念艺术展再论》。此文复制在《书法艺术杂志》中。我不知道这里的《再论》是接着座谈会之后的再论呢，还是接着另一篇文

章的再论。总之文章写得很好,议论很中肯。其中有两点我觉得值得提出来:

第一点是,他认为,作为观念艺术,这个展览会的东西太多、太实了。诗太诗,画太画,字太书法……使人不易超越物质之累去把握最终的观念。他借了佛家指与月的比喻,说手指太引人注意了,以至使人忘掉了看月亮。他以为这个展览会毋宁是一个"创作历程记录展"。

这里有两个问题,我可以分别回答:

一、根据郭先生的文章,"手指应该是无形的,最起码也应该是透明的"。传统的艺术品可以比为美的手指,而月亮十分隐晦。流行的观念艺术为了指示月亮把手指尽量贬低价值。究竟要贬低到什么程度呢?这是很费斟酌的。我认为手指太透明了,观众一眼看到月亮,便无可再看,意味索然,这是一般观念艺术的致命伤。就在我去台北前不久,巴黎现代美术馆举行了一个三人的观念艺术合展。参观的人少得可怜。售门票的是一位中年越南妇人。(现在巴黎各美术馆的看守人员几乎都是外国人。）我正要买票，她指着桌上的目录说："您先看一看目录吧。"我知道她的意思，她认为这样的展览会实在没有什么好看，我一定会失望的，最好先翻翻目录，有个心理准备。我进去看了，实在吃惊，几乎没有人。参加展出的有标榜语言的劳伦斯·维纳，他把一些句子直接写在墙上。我站在那里注意观察了一下，那些极少数的观者步也不停地踱过去，对壁上的字瞟一眼，并没有兴趣去念。有的在展览会的门口探一探头，看到室内空空荡荡，墙上稀稀落落写着几行字，连进也不进来便离去了。手指透明到这样程度，又如何能达到指月的效果？举行印象派的回顾展、梵高的回顾展……观众摩肩接踵，排队买票，长至百米。相形之下，观念艺术确是艺术解体期中的产物。就拿座谈会上所举出的许多例子吧，即使人们觉得有点意思，"哦，原来如此"，也就要走开了。无所谓欣赏与玩味。那是一些谜语，猜到了也就完了。猜不到也无所谓，因为有的谜语原无谜底。

二、这次的展览会的确可能是两个展览会的叠合：

"展览会的观念或者观念的展览会"和"创作历程记录展"。关于二者的关系，我在演讲中有一些解释。组诗是两年前写的，原系法文，也曾有意思放在一个观念艺术展里展出。既然要在台北展览，便找出来，译成中文，进行了一些修改，"因此，可以说它们是我最近的作品，可以说是我的艺术道路的最近的到达站，也可以说是我的艺术工作发展的逻辑的演绎的一个段落"（《演讲》）。在这意义下，"观念展览"是作为历程的一个阶段被包含在"创作历程记录展"里的。不过，展览会的名称是观念的，"作者以一个中心观念把这许多作品聚集在一起，使这些性质很不同的作品在这个空间组织成一个有机的整体，活在这里"（《备忘》）。那么在这个意义下，"创作历程记录展"又是作为基本素材被包含在"观念展览"里的。写到这里，感到又有诡辩之嫌了，就此打住。

郭文中提到的另外一点是："我们不要以外来的观念艺术的定义、手法、范畴来限定国内'观念艺术'的创作。如果有中国式、本土性的观念艺术出现，那将是中国现代美术史上光辉的一页。"我以为这一点甚为重要。我完全赞同。但是座谈会上的各位都不免在用外来的观念艺术的观念作为衡量批评的唯一标准。我们当然应该吸收西方的,但是中国有一个潜在的"观念艺术"的传统,郭先生也察觉到,我们将以新的眼光、新的工具、新的眼界、新的敏感,把它发掘出来,并开拓出新的领域。我们的"观念艺术"和西方当前流行的某些"观念艺术"有基本的不同。"在画布上画许多密线要人用眼睛去数"(座谈会上举出的一个例子)之类不过是简单的儿童的游戏。一意给观众以"冲击"也是商业竞争的资本主义社会,核战争、工业污染威胁下,"暴力"在艺术里的表现。如果现代艺术也有所谓"境界"(当然不限于传统所谓"境界"),那么我们的"境界"应该更丰富些,更具有特殊的自己面目,反映另一种关切,有另一种向往。

  西方人在寻索,我们也在寻索,我在这里引一段法国艺术评论家普鲁沙(F.Pluchard)的话:"艺术家的责任从来没有如此沉重过。一个失去了自信的社会正过渡到一个不同的'尚未发明出来'的社会去,而艺术家在这过程中有着责任。这探险性的旅程是艰难的、多风险的,然而是令人振奋的。"(《波普艺术及其伙伴》)

题外的话

最后我想说两句题外的话。座谈会上有人说:"近年来一些国外回来的大师,一个个被揭穿了。"我觉

伊夫·克莱因 《空无》个展

得这不是国外与国内的艺术工作者相遇应有的接触方式。中国文化不再是封闭着成长,限制在中国地区的文化现象。生活在国外或生活在国内,因为环境不同、经验不同,采取不同的角度和态度观察问题,创造出不同的作品,这是值得庆幸的。两边应该互相关切、互相了解、互相充实,当然也互相批评,形成对话。我们应该肯定的是:我们在从事同一件巨大的工作。

至于座谈会中还说某摄影家在国外"落魄",这一种以生活的财富来判定艺术家的价值,很令我吃惊。也许台湾的经济起飞使人忘记许多西方艺术家的传记了:梵高、高更、莫迪里阿尼、苏丁、尤脱利罗……也忘记中国许多诗人艺术家的传记了。我只引大诗人杜甫的句子作为结束:"但觉高歌有鬼神,焉知饿死填沟壑?"

佛像和我们

佛像盲

谈佛像艺术，对不少人来说是一个相当遥远而陌生的题目。对我自己，也曾经是如此的，所以我将追述一下个人的经验，从我的幼年说起，从我尚未与佛像结缘时说起。

我出生在五四运动以后，所以是在科学与民主口号弥漫的空气中成长起来的。父亲属于把现代西方科学引入中国的第一代，他曾在不同的大学里创办了数学系。我入的小学，首先是南京东南大学附设的大石桥实验小学，后来是北京清华大学附设的成志小学。可见我在童年和佛教是毫无缘分的。母亲确曾供着一座观音白瓷像,但对于孩子的我说来,那是家里的一件摆设,并不觉得有什么特殊意义,有时随大人去参观寺院,看见有人烧香磕头,便自己解释说,那是乡下老太婆的迷信,觉得可笑又可悯。我听叔叔讲述,他如何在乡间扫除迷信,跑到庙里砸泥菩萨,我也觉得有些滑稽。泥菩萨本是泥的,膜拜固是无知,认真地砸起来,也显得多事。

中学时代,每有远足去游什么古寺,对于山中的

敦煌第45窟菩萨像塑

钟声、翠丛后的飞檐有着难名的喜爱。对于大殿中的金佛，觉得那是必须有的装饰，和铜香炉、蜡烛台、木鱼、挂幡……共同构成古色古香的气氛，没有了很可惜，古诗里"南朝四百八十寺，多少楼台烟雨中"的情调就无处可寻了。至于佛像本身，则从未想到当作艺术作品去欣赏。在学校里读古文，不见有一篇文章说到佛教雕塑。读古诗，记得韩愈有：

僧言古壁佛画好，以火来照所见稀。(《山石》)

似乎老僧会说壁画如何精美，却不会说塑像如何好，因为画是欣赏的对象，有所谓好坏；而塑像是膜拜的对象，求福许愿的对象，只有灵验不灵验的问题，并无所谓好坏吧！稍长，习书法，听长辈高论《北魏造像题记》，却从未听到他们谈到造像本身的艺术价值。

当时艺术界也并非没有人谈云冈、龙门、敦煌，但是那已受西方艺术史家的影响了。按中国传统看法，造型艺术统指书画，而不包括雕刻。只有一本书对于历代雕刻史实记载颇为详尽。那是日本大村西崖写的《中国美术史》（陈彬龢译）。但作者对雕刻的艺术价值说得很空洞。例如关于龙门之武后时造像，他写道：

> 一变隋风，其面貌益圆满，姿态益妥帖，衣褶之雕法益流丽，其风格与印度相仿，有名之犍陀罗雕刻，不能专美于前也。（111页）

这样的解说实在不能使读者对佛像欣赏有什么帮助。文中又有：

> 碑像石像之制作，至高齐其隆盛达于绝顶。

所谓"隆盛"是指量的多呢，还是质的精呢？并未说明。接下去说：

> 有用太白山之玉石，蓝田之青石等者，其竞争用石之美，以齐代为最盛。（51页）

难道"隆盛于绝顶"乃指"用石之美"？石质之精美与艺术价值之高低显然没有必然的关系。

中学时期，对于艺术知识的主要来源，先是丰子恺的《西方绘画史》和谈艺术的散篇，稍后是朱光潜的《谈美》《文艺心理学》。后来读到罗曼·罗兰的艺术家传记（傅雷译），厨川白村的《出了象牙之塔》（鲁迅译）、板垣鹰穗的《近代美术史潮论》（鲁迅译）。这些书的性质各不相同，为追求着的青年人的心灵打

龙门奉先寺卢舍那雕像

开了不同的窗户，拓出不同的视野。达·芬奇、拉斐尔、米勒（Millet，1814—1875）、梵高这些名字给我们展示了生命瑰丽的远景。以痛苦为欢乐，雕凿巨石到90岁的米开朗基罗的生平更给我们以无穷的幻想。

1939年我考入西南联合大学，二年级时转入哲学系，上希腊哲学史的那一年，和一个朋友一同沉醉于苏格拉底、柏拉图、亚里士多德的哲学，一面也沉醉于希腊的神殿和神像。那许多阿波罗和维纳斯以矫健完美的体魄表现出猛毅的意志与灵敏的智慧，给我们以极大的震撼。那才是雕刻。我们以为，西山华亭寺的佛像也算雕刻吗？我们怀疑。

后来读到里尔克（Rilke，1875—1926）的《罗丹》（梁宗岱译）。这一本暗黄土纸印的小册子是我做随军翻译官，辗转在滇南蛮山丛林中的期间，朋友从昆明寄给我的。白天实弹操演，深夜大山幽谷悄然，在昏暗颤抖的烛光下读着，深邃的诗的文字引我们进入一个奇异的雕刻的世界，同时是一个灵魂的世界，那激动是难于形容的。人要感到他的存在，往往需要一种极其遥远的向往、不近情理的企望。

我们的土地多难，战火连天，连仅蔽风日的住屋也时时有化为瓦砾残垣的可能，如何能竖起雕刻？在什么角落能打凿石头？在什么时候能打凿石头？又为谁去打凿？然而我们做着雕刻的梦。

那时，我们也读到不少唯物史观的艺术论，也相信艺术必须和现实结合，但我们不相信艺术只是口号和宣传画。我们以为有一天苦难的年代过去了，这些苦难的经验都将会走入我们的雕刻里去。

抗战胜利了，从前线遣散，欢喜欲狂的心静下来，我们迫切的希望是：到西方去，到巴黎去，到有雕刻与绘画的地方去。1947年我考取公费留学。

回顾东方

到了欧洲，到了久所企慕的城市和美术馆，看见那些原作与实物，走进工作室，接触了正在创造当今艺术的艺术家，参加他们的展览会和沙龙，对于西方有了与前不同的看法。"西方"是一个与时俱迁的文化活体。我们曾向往的文艺复兴早已代表不了西方，德拉克洛瓦（Delacroix，1798—1863）的浪漫主义，库尔贝（Courbet，1819—1877）的写实主义，乃至莫奈（Monet，1840—1926）的印象主义，梵高、塞尚（Cézanne，1839—1906）、罗丹也都成为历史。毕加索（Picasso，1881—1973）、布拉克（Braque，1882—1963）、马蒂斯（Matisse，1869—1954）……是仍活着的大师，但是第二次世界大战之后，又有新起之秀要向前跨出去了。新的造型问题正吸引着新一代的艺术家，这是我们过去所未想到的。

而另一方面，对于"东方"，对于"中国"，也有了不同的看法。我记得50年代初，去拜访当时已有名气的雕刻家艾坚·玛尔丹（Étienne Martin，1913—1995）。他一见我，知道我是中国人，便高呼道："啊，《老子》！《老子》是我放在枕边的书。那是人类智慧的精粹！"我很吃一惊，一时无以对。后来更多次听到西方人对老子的赞美。辛亥革命以来，"五四"以来，年轻的中国人有几个读过《老子》？更有几个能欣赏并肯定老子？而在西方文化环境中，这五千言的小书发射着巨大的光芒。我于是重读《道德经》，觉得有了新的领悟。在1964年意大利都灵召开的汉学会上，我宣读了一篇《论老子》的报告，从艺术创作的角度谈"无为"。

对佛教雕刻也一样，在中国关心佛教雕刻的年轻人大概极少。我初到欧洲，看见古董商店橱窗里摆着佛像或截断的佛头，不但不想走近去看，并且很生反感，觉得那是中国恶劣奸商和西方冒险家串通盗运来的古物，为了满足西方一些富豪的好奇心和占有欲，至于这些锈铜残石的真正价值实在很可怀疑。这观念要到1949年才突然改变。这一年的1月31日我和同学随巴黎大学美学教授巴叶（Bayer）先生去访问雕刻家纪蒙。到了纪蒙工作室，才知道他不但是雕刻家，而且是一个大鉴赏家和热狂的收藏家。玻璃橱里、木架上陈列着大大小小的埃及、希腊、巴比伦、欧洲中世纪……的石雕头像，也有北魏、隋唐的佛头。那是我不能忘却的一次访问，因为我受到了猛烈的一记棒喝。把这些古代神像从寺庙里、石窟里窃取出来，必是一种亵渎；又把不同宗教的诸神陈列在一起，大概又是一种亵渎。但是我们把它们放入艺术的殿堂，放在马尔罗所谓"想象的美术馆"中，我们以另一种眼光去凝视、去歌颂，我们得到另一种大觉大悟，我们懂得了什么是雕刻，什么是雕刻的极峰。

在纪蒙的工作室里，我第一次用艺术的眼光接触中国佛像，第一次在那些巨制中认辨出精湛的技艺和高度的精神性。纪蒙所选藏的雕像无不是上乘的，无不庄严、凝定，又生意盎然。在那些神像的行列中，中国佛像弥散着另一种意趣的安详与智慧。我深信那些古工匠也是民间的哲人。我为自己过去的雕刻盲而羞愧。我当然知道这雕刻盲的来源。我背得出青年时代所读过的鲁迅的话：

> 我们目下的当务之急是：一要生存，二要温饱，三要发展。苟有阻碍这前途者，无论是古是

今,是人是鬼,是三坟五典,百宋千元,天球河图,金人玉佛,祖传丸散,秘制膏丹,全都踏倒他。(《华盖集·忽然想到之六》)

在这思想的影响下,我们确曾嘲笑过所谓"国粹",为了民族生存,我们确曾决心踏倒一切金人玉佛,但是我不再这样想了。我变成保守顽固的国粹派了么?不,我以为我走前一步了,我跨过了"当务之急",而关心较长远的事物。

后来我读到瑞典汉学家喜龙仁(Sirén,1879—1966)的《五世纪至十四世纪的中国雕刻》(1926年出版),我于是更明白西方人在佛像中看见了什么,那是我们所未见的或不愿见的。他在这本书里写道:

> 那些佛像有时表现坚定自信;有时表现安详幸福;有时流露愉悦;有时在眸间唇角带着微笑;有时好像浸在不可测度的沉思中,无论外部的表情如何,人们都可以看出静穆与内在的谐和。(第13页)

麦积山石窟第44窟 西魏 正壁佛

而最有意味而值得我们注意的是他把米开朗基罗的雕刻和中国佛像作比较的一段。他写道：

> 拿米开朗基罗的作品和某些中国佛像、罗汉

像作比较，例如试把龙门大佛放在摩西的旁边，一边是变化复杂的坐姿、突起的肌肉，强调动态和奋力的戏剧性的衣褶；一边是全然的休憩、纯粹的正向，两腿交叉，两臂贴身下垂。这是"自我观照"的姿态，没有任何离心力的运动。衣纹恬静的节奏，和划过宽阔的前胸的长长的弧线，更增强了整体平静的和谐。请注意，外衣虽然蔽及全身，但体魄的伟岸、四肢的形象，仍然能够充分表现出来。严格地说，衣服本身并无意义，其作用乃在透露内在的心态和人物的身份。发顶有髻；两耳按传统格式有长垂；面形方阔，散射着慈祥而平和的光辉。几乎没有个性，也不显示任何用力、任何欲求，这面容所流露的某一种情绪融注于整体的大和谐中。任何人看到这雕像，即使不知道它代表什么，也会懂得它具有宗教内容。主题的内在涵蕴显示在艺术家的作品中。它代表先知，还是神？这不关紧要。这是一件完美的艺术品，一种精神性的追求在鼓动着，并且感染给观者。这样的作品使我们意识到文艺复兴的雕刻虽然把个性的刻画推得那么远,其实那只不过是生命渊泽之上一些浮面的沦漪。(第78页)

显然,在喜氏这样一个西方鉴赏家的眼睛里,佛雕是比米开朗基罗的《摩西》更高一层次的作品。这是怪异的吧,却又是可理解的现象。他所轻视的躯体的威猛正是我们所歌赞的,而他所倾倒的内在的恬静恰是我们所鄙弃的。他看佛像一如我们看《摩西》,我们同样渴求另一个文化的特点来补足自己的缺陷。在这里,并没有谁对谁错的问题。我们这一代中国人倾慕米开朗基罗和罗丹,由于我们的时代处境需要一种在生存竞争中鼓舞战斗精神的阳刚的艺术。我们要像摩西那样充满活力,扭动身躯站起来,要像《行走的人》那样大阔步迈向前去,我们再不能忍受趺坐低眉的典雅与微笑。喜氏相反,从中世纪耶稣被钉在十字架上的惨烈的形象起,甚至更早,从希腊神殿上雕着的战斗的场面起,西方人已描绘了太多的世间的血污与泪水、恐惧与残暴，一旦看到佛的恬静庄严、圆融自在，仿佛在沙漠上遇到绿洲，饮到了甘泉。

我在两种似乎对立的美学影响下开始学雕刻，那是1949年的下半年。

雕刻的本质

我决定进入纪蒙雕塑教室。我完全折服于他对古今雕刻评鉴的眼力，我想，在这样锐利、严格、高明的眼光下受锻炼是幸运的。

纪蒙指导学生观察模特儿的方法和一般学院派很不一样，从出发点便有了分歧了。他从不要学生摹仿肌肉、骨骼，他绝不谈解剖。他教学生把模特儿看作一个造型结构，一个有节奏，有均衡，组织精密，受光与影，占三度空间的造型体。这是纯粹雕刻家的要求。按这原则做去，做写实的风格也好，做理想主义的风格也好，做非洲黑人面具也好，做阿波罗也好，做佛陀也好，都可以完成坚实卓立的作品。所以他的教授法极其严格，计较于毫厘，却又有很大的包容性。他对罗丹极为推崇，而他的风格和罗丹的迥然不同。罗丹作品的表面上留着泥团指痕，他的则打磨得光洁平滑。他说看罗丹的作品，不要错认为那是即兴的捏塑，我们必须看到面与面的结构和深层的间架，这是雕刻的本质。雕刻之所以成为雕刻，在佛像中，他也同样以这标准来品评。有的佛像只是因袭陈规盲然制作，对于空间、对于实体、对于光影、对于质地毫无感觉，在他看来根本算不得雕刻。

当然，罗丹为雨果、巴尔扎克所做的雕像和佛像反映两个大不相同的精神世界。罗丹的人像记录了尘世生活的历史，历历苦辛的痕迹；佛像相反，表现涤荡人间种种烦恼后，彻悟的澄然寂然。但是从凿打捏塑的创造的角度看，它们属于同一品类，凭借同一种表达语言，同样达到表现的极致。

我逐渐明白，我虽然不学塑佛像，但是佛像为我启示了雕刻的最高境界，同时启示了制作技艺的基本法则。我走着不同道路，但是最后必须把形体锤炼到佛像所具有的精粹、高明、凝聚、坚实。

在创作上要达到那境地，当然极不容易；而在欣赏上，要学会品鉴一尊佛像，也非容易的。

应排除的三种成见

要欣赏佛像，有好几种困难。这些困难来自一些很普遍的成见，如果不能排除，则仍属于雕刻盲。

第一步要排除宗教成见，无论是宗教信徒的成见，或者敌视宗教者的成见。对于一个笃信的佛教徒而言，他千里朝香，迈进佛堂，在香烟缭绕中感激匍匐，我们很难想象他可以从虔诚礼拜的情绪中抽身出来，欣赏佛像的艺术价值。他很难把供奉的对象转化为评鉴的对象。对于一个反宗教者说，宗教是迷惑人民的"鸦片"，佛像相当于烟枪筒上银质的雕花，并不值得一顾的。同样地，一个反宗教者当然也很难把蔑视，甚至敌视的对象转化为欣赏的对象。所以要欣赏佛像我们必须忘掉与宗教牵连的许多偏见与联想，也就是我们前面说过的，要把佛像从宗教的庙堂里窃取出来，放入艺术的庙堂里去。

第二步是要排除写实主义的艺术成见。一二百年前西方油绘刚传到中国，中国人看不惯光影的效果，看见肖像画的人物半个脸黑，半个脸白，觉得怪诞，认为丑陋。后来矫枉过正，又把传统中国肖像看为平扁，指斥为不合科学，并且基于粗浅的进化论，认为凡非写实的制作都是未成熟的低阶段的产物。到了西方现代艺术思潮传来，狭隘的写实主义观念才又被打破，中国古代绘画所创造的意境重新被肯定。京剧也同样，一度被视为封建落后的艺术形式，西方现代戏剧出现，作为象征艺术的京剧价值重新被认识。佛像的遭遇还不如京剧！因为我们有一个欣赏京剧的传统，却并没有一个欣赏佛像的传统。我们竟然没有一套词汇来描述、来评价雕塑。关于讨论绘画的艺术价值，我们有大量的画论、画品、画谱，议论"气韵""意境""风神""氤氲"……对于雕刻，评者似乎只有"栩栩如生""活泼生动""呼之欲出""有血有肉"一类的描写。显然这

北齐 青州 思维菩萨像

是以像不像真人的写实观点去衡量佛像,与佛像的真精神、真价值全不相干。我们必须承认北魏的雕像带石质感,有一定的稚拙意味。如果用"栩栩如生"来描写,那么对罗丹的作品该如何描述呢?如果用"有血有肉"来描写,那么对17世纪意大利雕刻家贝尼尼(Bernini,1598—1680)的人体又该如何描述呢?

第三步,我们虽然在前面排斥宗教成见,却不能忘记这究竟是一尊佛。"佛"是它的内容,这是最广义的神的观念的具体化,所以我们还得回到宗教和形而上学去。如果我们不能了解"佛"的观念在人类心理上的意义,不能领会超越生死烦恼的一种终极的追求,那么我们仍然无法欣赏佛像。如果"生动"是指肌肤的摹仿、情感的表露,那么,佛像不但不求生动,而且正是要远离这些。佛像要在人的形象中扫除其人间性,而表现不生不灭、圆满自足的佛性。这是主体的自我肯定,是自我肯定的纯粹形式。无论外界如何变幻无常,此主体坚定如真金,"道通百劫而弥固"。要在佛像里寻找肉的战栗、情的激动,那就像要在18

世纪法国宫廷画家布歇（Boucher，1703—1770）的肉色鲜丽的浴女画里读出佛法或者基督教教义来，真所谓缘木求鱼。

造型秩序

佛像的内容既然是佛性，要表现这个内容定然不是写实手法所能承担的。找一个真实的人物来做模特儿，忠实地摹仿，至多可以塑出一个罗汉。佛性含摄人间性之上的大秩序，只有通过一个大的造型秩序才能体现，所以要欣赏佛像必须懂得什么是造型秩序。

寻找规律与秩序，是人类生存的基本活动。从婴儿到成人，我们一点一点认识客观世界的规律以及主观世界的规律，学会服从规律，进而掌握规律，进而创定新秩序。因为所提的问题不同，回答的方式不同，于是有科学、艺术、哲学、宗教的分野。凡佛经所讲的五蕴、三界、四谛、十二因缘、八识、圆融三谛，等等，种种都不外是对内外宇宙所说的有秩序的构成，对此构成有贯通无碍的了识便成悟道。

　　佛像艺术乃是用一个具体形象托出此井然明朗的精神世界，以一个微妙的造型世界之美印证一个正觉哲思世界之真；在我们以视觉观赏此造型秩序的时候，我们的知性也似乎昭然认知到此哲思秩序的广大周遍；

东魏　青州　背屏式佛造像

我们的视能与知性同时得到满足。一如灵山法会上的拈花一笑，造型秩序的一瞥，足以涤除一切语言思辨，直探形而上学的究竟奥义。

这里的造型是抽象的造型，非写实的。

佛的形象虽然从人的形象转化而来，但人的面貌经过锤铸、升华、观念化，变成知性的秩序，眉额已不似眉额，鼻准已不似鼻准……眉额趋向抛物线的轨迹，鼻准趋近立方体的整净……每一个面的回转都有饱满的表面张力，每一条线的游走顿挫都含几何比例的节奏……其整体形成一座巍然完美和谐的营造，打动我们的心灵。

抽象造型能有如此巨大的效能么？有人会怀疑，那么走到佛坛之前，先驻足在大雄宝殿的适当距离之下吧，仰视一番大殿的气象。建筑物并不摹仿任何自然物，它只是一个几何结构的立体，然而它的线与面在三度空间中幻化出庄严与肃穆；它是抽象的，然而这些线与面组构成一个符号，蕴涵一种意义，包含一个天地，给我们以惊喜、以震慑、以慰抚，引我们俯仰徘徊。懂得了这一点，然后可以步入殿内，领略含咀佛像所传达的消息。

石与青铜

"佛"的形象从"人"的形象转化而来,以岩石与青铜为媒体,佛性弥漫于其中,于其外,而终附着于石,附着于青铜。造型秩序有待于物质材料。雕刻家珍爱他所善用的材料而给作品以雕刻感,也即岩石的感觉、青铜的感觉,也即坚固不坏的感觉。真的雕刻家使金石在造型秩序的加工后变得更坚硬、更沉着、更凝定、更不可摧毁。原始的存在意志有了必然律的制约,物质获得一个使命,作为佛像的金石在时间中暗示永恒,在空间中暗示真在。

佛禅定于物质中。岩石与青铜一旦变成哲学,粗糙的石面、光泽的铜色都变得更坚,同时变得更灵。大匠并不试着仿造肉的假相,相反,他把朝露的生命固定于钻石。他在金与石中唤醒生命,那是金与石自身的微笑。

密宗称雕刻绘画的佛菩萨为"大曼荼罗",佛像显现大智慧,"譬如明镜,光映万物"。而佛自身不迁不动,"寂而恒照,照而恒寂",永固不坏,如金刚,故称"金刚界曼荼罗"。同时又有一种内在的微妙的生命隐隐脉动,有出水芙蓉的脆弱与灵气,如母胎之藏婴儿,故又称"胎藏界曼荼罗"。最高的大曼荼罗当同时兼备金刚的硬度和胎儿的柔软。"佛"比"人"更坚硬,也更虚灵;更属于物质,也更接近精神,在巨匠的凿刀下、煅火中,"永恒"与"生命",两个不可沟通的观念遂相交融,

唐 白石菩萨立像

而同时照耀。

懂得造型秩序，懂得岩石与青铜的语言，然后可以读雕刻的书。也只如此才能同时欣赏佛像和十字架上的耶稣，以及无论是史前的、埃及的、希腊的、巴比伦的、印度的、澳洲的、非洲的、中美的……一切人类的凿打与铸造。

回归的发现

中国两千年来，因文人艺术观的影响，雕塑被视为劳力的工匠技艺，被排斥于欣赏对象之外。西方艺术史家为我们提醒了佛教雕刻的价值之后，我们又把它归入封建意识的产物，仍然未能深入地去研究、去发掘、去欣赏。

今天"比较文化"被提到日程上来。过去把文化问题一概放到历史进程的框架中去观察解说，认为中国文化是封建的、中古的、该被淘汰的。经过长期片面的自我否定后，发现问题并不那么单纯，终于开始容纳不同的理论，逐渐能够从不同的角度观察中西，并认识到中国文化有其不可替代的特色，把过去带着强烈偏见加以抹杀的传统重新做估价。

西方人如喜龙仁等，在本世纪初看到佛像的时候，仿佛看到一片新天地，跳跃欢喜。我们今天带着新的眼光回头来看佛像，应会有比喜氏更复杂的心情。那是对自己古传统新的正视、新的认同、新的反思，而有久别回归的激动吧？

1987年秋我在香港，结识陈哲敬先生。他是雕刻家，移居美国后成为著名的收藏家。我看到他所收藏的佛像的照片，知道他的确有锐利的眼力和好古的热忱。他说计划出一本收藏品的集子，邀我撰文。这建议把我猛烈引回40年前我初学雕刻的年代去，有太多的话涌现出来。我立刻答应道："好的，我一定写。"我实在花了很大的气力，但写得很不称意。我想这怪我自己的思想有着矛盾：一方面我很乐观，觉得我们今天进入一个新的阶段，博物馆、美术馆在各个城市建立起来，佛像艺术可以被欣赏了，可以得到正当的评价了；另一方面又很悲观，觉得了解古代艺术并不容易，了解佛教艺术更难。

陈哲敬先生精心编印这一本《中国古佛雕》，是一种呼吁。他在抢救古雕刻的精华，像有一些人在抢救森林，抢救河湖、海洋，抢救将绝种的鸟兽……我衷心钦佩他们，因为我们确带着惊惧的心看见森林的燃烧、河水湖水的污染……我们带着更惶恐的心看见礼貌和公德的消亡、人际关系的异化、精神价值的失落……自然环境和文化环境同样受到严重威胁。我写这篇文字，似乎也在抢救什么。究竟抢救什么？能抢救什么？又很茫惑。写完了，觉得心情十分沉重，仿佛做了一件荒谬的事。说服人们爱惜绿树流泉已不易，向人们说金佛的价值更不易。百年前尼采喊出"神的死亡"，今天有人喊出"人的死亡"，如果我们要抢救佛像，最终还是要抢救正在死亡的人。

1998 年 11 月

回归的塑造
—— 塑造一个多重叠合的回归

前　言

1985年8月我在台北举行了一个展览会，名称是"展览会的观念——或者观念的展览会"。后来9月到昆明，和艺术界的朋友们座谈，曾把这个展览会的性质和内容做过简单的介绍。这回的展览是继那个展览的第二个展览会，对于这次展览我也给了一个名称："回归的塑造"。"塑造"一词在这里是很广义的用法，不仅指雕刻，虽然也包括雕刻。这里的"塑造"是指艺术的加工，加工的结果，可以是绘画，是雕刻，是诗歌，是音乐，是哲学……也可以是一部小说、一篇演讲、一项艺术活动、一个展览会。

(按:"塑造"是德国观念艺术家波依斯Beuys（1921—1986）所喜用的一个词。德文Gestalt指形象、形体、形式。"格式塔心理学"即源自此字。"格式塔"是音译。Gestalten，动词，是造型，赋予形式之意。波伊斯所用的是Gestaltung，由动词复加词尾转为名词，指赋予形式的一种工作或活动。波伊斯把"塑造"用于人类一切活动：一个农民，一个看护妇，只要在他们的工作中注入创造性的时候，就成为一个艺术家。所以他有一个基本论点："每一个人都是艺术家。"也就是说，每一种活动都可以成为艺术活动。语言是一种重要的表现媒体，所以他把语言也称作"雕塑"。）

"回归"一词，是我所要着重说明的。我先讲一个小故事：

老雅典人和年轻雅典人

一个老雅典人须发尽白，紫铜的脸上漫着风霜，但精力犹然充沛，像古雕像中的老诗人荷马，驾一只帆船驶入海港，船老帆旧。

一个年轻雅典人披发迎风，容光焕发，四体匀称矫健，像帕拉克西太力司凿刀下的阿波罗神，驾轻舟出海，帆自如鸥。

两船相错，于是有了以下的对话：

少：喂！老人家，

　　您上哪儿？

老：哈！我回来啦！

少：回哪儿啊？

老：回雅典呀！

　　我可回来了，

　　我走遍这个世界了，

　　埃及、巴比伦、叙利亚、波斯、腓尼基、西西里……

　　什么奇迹我没见过？唉！走来走去，

　　觉得还是雅典好，

　　所以回来了。啊！雅典娜！

　　喂，你上哪儿去啊？

少：什么雅典！我已经看够了，

　　这个污浊丑陋的城市，

　　市侩和官僚统治的城市。

　　你听说了吧！

　　把苏格拉底处了死刑了……

　　这样的地方我实在待不下去了，

　　就算到开罗的街头做流浪汉、做乞丐，

　　我也要走了……

　　你回雅典？

老、少（同时指着对方喊）：你疯了！

在爱琴海的暖风中，

深蓝的浪涛激荡中，

两艘小船迅速地离远。

　　（附记：这是画家司徒立讲给我听的一个故事，我不知道他是从哪里听来或者看来的，我觉得极有意思，很感谢他，特别注在这里。最近，问一个希腊女建筑师可知道这个故事。她也不知道，却说很像一个希腊故事。她说在异乡漂泊的希腊人年老时，总会怀念起爱琴海所环抱的那块多石、多阳光、多神殿的半岛来,都会像史诗奥德赛里的奥德修斯,历尽艰辛归去。)

远行与回归

在这故事里,我们看到两千多年前的所谓"代沟"。近数十年来,由于社会变化的加速,不仅父子之间有代沟,就是兄弟姊妹之间,相差不过十年、五年,精神面貌已有了差距,但是最基本的代沟究竟还是介于年轻人和老年人之间的。我们知道生命需要一个活动的空间,在成长过程中,生命所需要的空间不断扩大。未降生之时,胎儿的空间是母体的子宫;既生之后,婴孩生活在母怀里、摇篮里;到了会爬行,会扶着墙走,就要在室内转动;会走路,就要跨出门槛,到庭院里去;再大,就要上街,去公园,到学校,到外婆家;再大,他的活动范围是这个城市;再大,他将去别的城市、别的国家。然而,到了一个年纪,这变化又向相反的方向进行,他的活动范围逐渐缩小。他的体力先不允许他再四方奔走,在生理上和心理上,适应力和好奇心也渐减退,眼睛已看不远,听话也已模糊。在这个世界上他会觉得有一个地方是他最喜欢的,在那里他可以舒适地安顿下来,徜徉,终老于斯。这大概是他的家乡,他的生命长途的起点。童年的记忆给他以强烈的召唤,他最先学会适应的气候、阳光、土壤……沉淀在他记忆底层的,慢慢醒来。

这两种心理可以分别称作:"远行心理"(年轻雅典人的心理)和"回归心理"(老雅典人的心理)。中国常语所说的"志在四方"和"叶落归根"。

国内实行开放政策后,很多年轻人激烈地想着到国外去,这是可以理解的。在座的都是文艺工作者,当中有的很年轻,必定盼望看别种颜色的天空、别种仪态的山,看这里见不到的大平原、大河和海洋,看别个民族的画、别个时代的雕刻以及别的城市的建筑和广场……开始和外面的世界有了接触之后,你们想看新的、现代的艺术,世界上另一些年轻人的创造和尝试,我不会向你们喊:"你疯了!"但是有一点我愿提醒大家,看别种颜色的天空,最后还是为了画出自己的天空来。因为看了别样的天空,你才能更敏锐地辨出这里的天空的阳光、水雾,也才会更深入、更细腻地绘出这里的天空。我祝福你们都能有机会远行,并且最后归来,作出自己心里要画的画。

而这心里要画的种种形与色是和故土的种种形与色细细密织在一起的。国内实行开放政策后,很多流落在海外的中国人迫切地想着回来,每年成千成万地回来,扶老携幼地回来。我想你们也不会向他们喊:"你疯了!"我自己在西方住了40年,回来过4次,这是第5次。第一次在1972年,第二次是在1979年,那是第一次回云南。老朋友王以中、蒋万华、罗丕焯几位陪我去弥勒县,一直到了我的老家息宰村。进到竹园坝子(在云南称盆地为"坝子"),看到盘龙江、西山、甘蔗田、水牛、古村……我有一种非常奇异的感觉,仿佛细胞里、骨髓里含藏着那地方的什么原料,它们和那里的土壤、大气、水分之间有着吸引、共鸣,而互相召唤。我的细胞里、脑灰质里储存着的什么遥远的记忆资料都猛地苏醒……但是，以前几次的回来，多少总类似一般归侨的还乡，以旅游方式在国内各地参观访问，到了自己本乡时虽然有特别的激动，但终只是被列入观光日程中的一个项目。这次我完全是为了回故乡而回来。不曾到其他城市，也不再去别的城市。加强这次"回归"的感觉还有别的一些原因。

50年前，整整50年前，1937年，我的父亲辞去北京清华大学数学系的教授职，回昆明任云南大学校长，在他的生命中，那曾是一个很重大、很费考虑的决定。那时候的云南真是一个偏远的地方。从北平到昆明至少要用半个月的时间。要办两个护照签证，从自己的国家到自己的国家要办护照先出国，现在想起来，真觉得不可思议。两个签证，一是香港的，一是越南的（那时是法属安南）。先是由北平坐船或火车到上海，从上海坐船经香港到海防，再乘滇越线火车到昆明，要通过四次海关的翻箱倒箧。

所以从工作的地点说，北平当然优于昆明；从工作的单位说，清华大学当然优于云南大学；从工作本

熊秉明 《归途》

身的性质说,平静的数字的教研当然优于繁忙的大学校长,但是他终于选择了昆明。后来他为我们解释:"为桑梓服务。"他感到对自己的乡土有一种责任。我的一个弟弟没有忘记这句话,在长沙工作多年后,他请求调回昆明,今年得到批准,到云南工学院工作,并且接了老母回来。我的母亲久居北京之后,以94岁的高龄,坐了三天三夜火车从北京到了昆明,所以我这次回来,不但是回到故乡,而且是回到了回到故乡的母亲的身边，回到真真实实的母土。

铁雕和展览

根据观念艺术的观点，艺术与生活应该打成一片，是一回事。艺术在生活上加工，生活因艺术取得形式。所以我把这一次的回归加工为"回归的塑造"。我回来，带一件雕塑送给故乡。这是一座《鹤》，展翅将飞的鹤。说它向往远山长水，欲将远行也可以；说它怀想旧林故渊，欲将回归也可以。大家知道，法国诗人波德莱尔有一首诗题为《旅行的邀约》，这鹤对一些人说是"远行的邀约"，对另外一些人说则是"归来的邀约"。我把赠雕塑的意思告诉画家姚锺华先生，他来信说，政协表示愿意接受，将来放置在目前正在兴建的民主大楼之前，放大焊制的任务由云南重机厂承担。展览会的第一部分是雕塑的照片，陈列的目的是让大家认识我的铁雕的风格，由此可以了解我的《鹤》的造型特点。这些接近抽象的铁片结构，与传统沉重厚实的

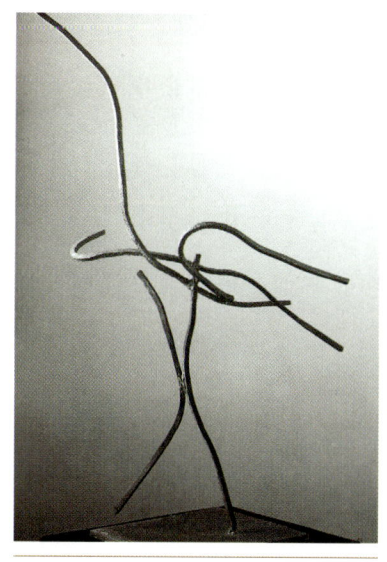

熊秉明　《铁条鹤》

写实雕塑有相当大的不同，但是在简净形象的提炼上与意境的表现上，和中国艺术与哲学传统有息息相关之处。我从巴黎带回来了《鹤》的小型原作，可惜此时放在北郊里龙潭重机厂里做放大的范样，不能拿来陈列。

展览会的第二部分是诗。我数十年来，陆陆续续写了一些可以说是乡愁的小诗，也可以说是以乡愁作游戏遣兴题材的小诗。我曾在一篇小文里说，我并不自以为是诗人,因为我并不刻意写诗,只让诗来找我。《教中文》《展览会》都是这样写成的。这一组小诗更是如此。李白的《静夜思》是我们小时学背的第一首诗,老大之后,它在记忆里要时常浮现,顽固而刁诡,它的散句在我的小诗中蔓生,或是引子,或是间架,或是叠唱……有点像西方的立体派画家剪下旧报纸、香烟盒,贴入画面。这里把《静夜思》剪成碎片,穿插到诗中,组成新的图案。

第三部分是五幅水墨画。用宣纸写了诗之后,我

熊秉明 《菜园》

祖父的老花眼镜上
折出菜油灯的黄的火光

床前明月光
疑是地上霜

祖父的花白胡子里
冒出弯弯曲曲的青烟

举头望明月
低头思故乡

"爷，我会背了"

约两个侄女到昆明近郊去散步。由于近年的积极建设，城的边缘到处是工地，幸好再走出去还有菜地、村落。各种不同的蔬菜瓜豆一片一片构成锦绘，云南特有的细瘦而高、姿态很别致的尤加利树在远处疏疏地排列着。我觉得十分熟悉亲切，做了些速写，回家用水墨改画在大幅宣纸上。这些画不讲究皴法、渲法，也不学现代派的抽象泼墨。我感到当前中国水墨有两极化的倾向，或者仍是笔笔有来历的传统水墨，或是受西方现代抽象影响的放肆的泼丽。我想用水墨和宣纸朴实地、笨拙地画出我对故乡的感觉。我并不以为这已是成功的作品，在这意义下，我也不自以为是画家。在一个星期之中，要掌握好一种工具，深入地认识一种题材，凝聚一种感受，形成一种风格，当然是不可能的，但是会看画的人，我想，自会窥出我的意图，并判断我究竟成功了多少。年轻时代我也曾梦想把故乡的岩石凿打成雕刻。现在40年过去了，我的雕刻材料主要是金属：铁和铜，偶然也打过法国的砂岩、瑞士山涧里的鹅卵，我和故乡的岩石可能此生无缘了。

不过，我想，至少要邀请一块故乡的石头来参加展览，这就是为什么大家在进口处看到一块青色大石。我或者应该用铁钻凿几条刻痕吧？或者用鲜明的颜料染成几个符记吧？我应该用绷带把它包扎起来吧？掩上它的伤痕，我应该把它剖成两半，让人看它的心子吧？……露出它的清白，然而我终于没有动它，我似乎没有权力改变它，我的三俚婿把它从圆通山抱来，我们就如此原样地放在一个雕刻木座上。关于展出一块原样的石头，当时只是直觉地去做，在台北的展览会上放了一杯水，这次的展览会上放了一块石。事后，我自觉这里有一个深层的理由，需要揭示出来，说给自己，也说给别人。中国人自古少和大石搏斗，商周不用石做建筑的主要材料，也没有用石刻过巨像。埃及人在沙漠里把一块块大石垒成金字塔，把更大的石建成庙宇，把更更大的岩石刻成狮身人面像。希腊人用石造了神与神殿。汉代霍去病墓上的石刻使人神动，那上面大量保留着石块的原始样态和意味。

刻工尊重天然的造型，审慎而巧心地加工，无论线条或体积都浑然、庞然，含摄着大自然茫阔、厚重、漫汗的韵律。那是牛，是马；也是岩石，是山，是大地。西方没有这样一种雕刻，西方原始古雕刻是稚拙、呆板、凝滞的，显示出人的征服欲和石的顽强性。霍去病墓雕是人与大自然共同的嬉戏，是"与造物者同游"的庄子风的雕刻。魏、晋、唐的佛像是受了希腊和印度影响的石像，把石的本相完全改观。宋代多泥塑与木雕。千年前，创造了词与瓷的宋人更爱原样的石头。人们把石头从太湖底取出来，涤除泥沙，不加敲凿，立在庭园里，欣赏其本然的轮廓棱角、阳光大气风化的肌理、水火浸蚀的窍穴、苔藓偶然织出的斑驳花纹。现代西方雕刻家也有以一块顽石充当作品的，但他们不免要展示机器的钻孔、电锯的齿痕，打磨成光滑如镜的平面，他们要把人为强加的工序在什么地方给点出来。也有地景艺术家并不以锐利的机器对付石头，但他们不免要在荒山乱石中带进一种非自然的秩序。宋代的米芾看见山路的奇石而膜拜了，他不会想到在那上面做任何加工。中国人可以玩味一个朴素的形体，一个非几何的、任意的、行云流水的形体。玩赏无华的璞石原是中国的艺术传统,源自道家的艺术观。不过,这里陈列的一块石更为朴素。没有李渔所赞赏的"透、漏、瘦",也没有刘熙载所说的"怪石以丑为美,丑到极处,便是美到极处"。它在美丑未成立之前。这是石涛《画语录》里所谓"太朴一散,而法立矣。法立于何?立于一画"的那一个造端。中国画以山水为正宗,学山水先学画石。石是什么呢?只是一个抽象的、无定形

故宫宁寿宫太湖石

的那一种物体。石是天地鸿濛的起点。清画家戴熙说:"物有定形,石无定形;有形者有似,无形者无似。无似何画?画其神耳。"石的神又是什么?石无形,而自有其自在的安然、岸然;石无形,而自有其默默的顽强的意志。随便选一块突兀危立在山头的岩石吧!只要多看一会儿,环绕一匝,便会领略出它的峥嵘来。歌德说:"岩石提升,并且坚定我的灵魂。"叔本华所说的意志客观化的最基本形式是"重量,不可透入性"。那是岩石,它是存在最纯净的形式。人们把它借作存在的标记、存在的象征。

人在空茫的时空之间,感到生命的脆弱和倏忽而惶恐而战栗的时候,就把希望,或梦想,或记忆,或信念,交托给石头,让它给昙花一现的存在做永远的见证。所谓雕刻实在就是对这见证物的加工,使它变成碣、碑,变成英雄的像、神的像。雕刻家活动的第一步就是搬动一块石头,从山的内部截取来。黑格尔说:"花岗岩是山的果核。"石器时代的人只是移动一些巨石,把它们竖立起来,在大地上。那是他们的思考与行动，他们混沌的神殿与无言的史诗，他们在这里"存在"过的悲壮的标记。我自己移动这块石头，在这里展出，当时只是直觉地如此去做，动机是什么？怎样的观念？是说明我属于这里的符记么？是我来到这里的标志么？山国也是石的国度吧！大理石与石林的国度。我似乎无需寻找理由，在一个多石的地方移动一块石头；一个做雕刻工作的人移动一块石头；一个赞美过老庄和《存在与虚无》的人移动一块石头，更要向哪里寻找理由呢？如果有所谓深层理由，那么我之所以为我，便是那理由。最后，展览会里还展出了几幅瑞士风景的水彩画，大家也许觉得奇怪，为什么它们出现在这里？那是我妻子的作品。她是苏黎世人，苏黎世和昆明结成姊妹城了。她原姓裴斯大洛奇(Pestalozzi)，和瑞士18世纪大教育家裴斯大洛奇同一家族。在苏城美术学校毕业之后，她到巴黎学绘画和雕刻。1952年我们结婚，她继续研究儿童绘画教育，热心社会事业，关心反战、反核、反污染，支持第三世界，是一个天生的绿党人。这也是继承了瑞士人的传统、卢梭的传统，对大自然有极强烈的爱，和中国人欣赏大自然的方式是很不同的。直到现在她仍去攀登阿尔卑斯山的雪峰，跳到雪峰下的冰川湖里游泳。儿子们庆祝她60岁时，她修正说："第3个20岁。"然而她怀念瑞士了，在法国30年的生活使她仍然不能适应法国人的社会，和一个中国人生活30年，她究竟向往另一个终极的归宿。60岁的时候，她回到瑞士，住在距苏城30公里的乡村杜思屯（Dürstelen）。二十多年前，我们在那里买了一栋房子、一角森林、一片菜

熊秉明 《杜思屯屋》

熊秉明 《铁片小双鹤》

园,那是一个极优美的丘陵地区。近年来,她画了许多风景画,我很欢喜这些风景水彩,她能很深入地描绘出这地区特有的韵味,怕只有怀了回归心理的人才能领略得到、描绘得出,我懂得她的回归心理,正像她懂得我的回归心理。她的回归不是我的回归,然而,却又是我的回归的一部分。通过她,这些牧场、杉林、雪山、湖泊，对我，也依稀地弥散着"故乡"的芬味，这就是这几幅杜思屯风景画出现在这里的原因。

"回归的塑造"的可能

几年前，要办这样一个展览会是不可能的。我那时要想为故乡做一件雕刻，也是不可想象的。比较有现代风格的艺术品固然不为政策所容许，当时大多数人的欣赏心理也还不能接受。我的《鹤》带有立体结构主义的造型观念，是用许多直线切裁的铁片所焊成，经过姚锺华先生推荐，政协愿意接受，已属不易。在制作过程中，重机厂负责人表示他们很欣赏这《鹤》，他们以为这展翼的姿态含有深远、乐观的蕴意，希望我能同意他们同时焊制两件，一件放置在重机厂厂内的花园里，甚至愿意给我一定报酬。我感到欣慰，立即答应了，也谢绝了报酬。就在西方，到美术馆看现代雕刻的人，也有不少并非真正爱好，只是为了赶时髦，像打听股票的行情、来年女裙的款式。今天一个重机工厂的职工能有开放的胸襟,以敏感的心灵来欣赏我的作品,使我感到难名的高兴。今天各位来看这个展览,一定更能带着开放的胸襟、敏锐的眼光,因为诸位是从事艺术工作的。诗人大概会从诗的角度评诗,画家会从画的角度评画,书法家会从书法的角度评字……我当然也愿意听他们专业性的批评,但是我方才说过,我不是诗人,我的画是临时的尝试;雕刻呢,是一套照片和一块璞石……我究竟要人看什么呢?现代艺术潮流中有"装置艺术""地摊艺术""大地艺术""多媒体艺术""观念艺术"……我属于哪一派?我想不必去管命名,我希望观众会这样说:"好像没有什么技巧,又好像很有技巧。有一个意念直接地、诚实地、朴质地表达出来。""好像新,又并非荒诞;好像传统,又并无框框。说土,其中有新的观念;说洋,又带着乡土的气息。"

"画、字、诗……合起来,给人一个总的浑然的感觉。这里有一个'回归'的塑造。"

"多重叠合的回归"

我以为这个展览会在今天有可能，也并不是偶然的，还有很多别的因素。最近几年来，中西文化比较是一个大家热烈讨论的题目。这个问题之所以能被重新提出来，需要一个先决条件，就是承认中国文化有其特色。我们不能把中国文化简单地归类为封建的、中古的、愚昧的、落后的……这是中国文化的重新认识，中国文化的"回归"。其次，西方后现代主义的兴起，对于绝对自信的现代主义有批评，有检讨。在艺术领域里不再叫喊烧掉罗浮宫；相反，对历史有深的怀恋和向往，在建筑方面表现得最为明显。近年来法国国家美术馆以及私人画廊都展出了过去被视为分文不值的学院派的绘画，是又一方面的表现。在小说里，大家觉得又可以编写情节，刻画人物了，这种种似乎也可以用"回归"来描写。这是西方文化的"回归"。在造型艺术上还有一种"回归"现象，是观念艺术所鼓吹的"回到生活"。现代艺术层出不穷的翻新，使

米开朗基罗 《最后的审判》

艺术异化，有意识地使它异化，因为异化也是新的可能。他们在艺术的定义之外寻新定义，寻反定义，最后剩下一面白的画布、一具烧焦的画框。甚而画布与画框也都抛弃，剩下一个手掌上滴血的画家、一堆荒滩上的乱石。他们宣称在制作艺术，同时宣称艺术的死亡。"回到生活"是要在艺术的死亡中重新发现艺术的诞生，把艺术的萌起看得比完成的作品更吃紧。这其实是中国传统艺术的特色。如果拿中国绘画和西方绘画作比较，显然西方更重视作品，把作品当作一桩工程，表现技巧的精湛、耗力的巨大。中国绘画更重视作者，这里所显现的是作者的品格与心态。米开朗基罗的《最后的审判》、丁多列托（Tintoretto，1518—1594）的《天

丁多列托 《天堂图》

堂图》……代表西方画家的雄心与向往——与物质世界搏斗的雄心，对超越世界的向往。中国的国宝可以是王羲之、颜真卿的几行草书。到了近代，西方原有的观念逐渐改变。到了印象派，有了一天画成一幅的作品。到了点泼派，创作活动也成了欣赏的对象。到了观念艺术，作品更逐步减缩、变质、观念化，与日常事物不可分，艺术创作和艺术思考合而为一，艺术"回归"到生活，又好像还孕在生活的体内，尚未脱离而独立。所以我说这一次"回归的塑造"之所以可能，是因为恰遇到几种不同的"回归"的会合。没有此契机，虽有回归，也无法塑造，有塑造的意图，也终得不到观众的同情，终不成对话。

对　话

没有对话，也就什么都没有。所谓"故乡"，固然指这一片土地，这经纬度上的山国、地质、气候、鸟兽、五谷、花果……（我的老家至少有两种果子是我从未在别处见过的:"娇桃"和"拐枣"。)但是最重要的,是生活在这里的人,在这里劳动、思考、苦乐、创造的人杰地灵。没有他们,实在说,也就没有"故乡",地本无名,没有法国人,法国也就不成其为法国;没有英国人,不列颠三岛也就没有意义。土地塑造了人,人也塑造着土地。高中时代在路南,我们曾唱一支歌叫《山国的儿女们》。孔子说:"仁者乐山,智者乐水。"我们知道江南水国的人特别灵敏精明,是"智"的表现;而云南这样丛山里的人显得朴厚缓慢,我愿这是"仁"的表现。我去看云南女画家刘自鸣,早年我们同在巴黎学艺。这次她给我看她的近作,一再用的一个词是"深沉"。她说:"这张画我不喜欢,不够深沉。""我认为这张画深沉些。""你认为这张画够深沉么?"她的画在形体的刻画上、色彩的调配上,都倾向简朴,但在简朴中却含蓄着一种"深沉"。我以为这是极可贵的,属于人的禀赋,不是学得到的。我在西方观察欧洲女子,对瑞士人有一种偏爱,我自己的解释是:她们也是山国的儿女。她们有一种独特

熊秉明 《回首牛》（正面）

的品质，使我联想到高山上的湖泊。瑞士是一个多山多湖的国家，我想诸位都有机会见过瑞士的风景图片。高山上的湖很蓝、很清澈、很深、很静、很幽、很曲折，在雪山与杉林的环抱中储渟着，像蓝色宝石，给人以和平而深沉、谦逊而坚毅的感觉。回归不只是回到一个经纬度上，而且是回到一个精神感情的气氛中。在这里有一段对话，不只是乡音的问答，而且是乡音之外的心之间的应对。我在国外看到描写云南的小说、诗、画，我都曾受到奇异的震动。所以我开头所讲的那个故事并没有完。两个雅典人指着对方喊出："你疯了！"后来怎样了呢？两个人当然都各持己见，把紧舵柄，不被对方的嘲谑所动摇。老雅典人怀着载欣载奔的心驶向港内；年轻的雅典人义无反顾，航向大海。过了片刻，两个人都若有所悟，又同时向对方喊过去："愿雅典娜翼护你！"他们忽然领会到对方的心理，无论是远离雅典的，或是回归雅典的，都该受到祝福。

1987年8月

附记：

我想把这次展览会的资料也印成一本册子，云南出版社的负责人表示很愿意承担这工作，但同时说明困难很多。我也知道在大陆出书得通过层层审批，很不容易。在香港遇到李贤文先生，他立刻欣然说：这《回归的塑造》在台湾出版正是时候，因为目前正在酝酿开放往大陆探亲，这些诗一定会得到共鸣。想不到在许多回归的会合中，又能遇到这一回归的浪潮。最近开放往大陆探亲的政策，从计划到公布到实行，变化迅速，我已在报上见到照片。那些到红十字会登记的老年人，如我的年纪的、比我更老的年纪的，伛偻了背伏在桌上填写表格，看了令人心酸。我想他们有"初闻涕泪满衣裳"的心情吧！"归心如箭"吧！祝愿他们都能如意地塑造自己的回归。

熊秉明 《鹤》

关于这一座《鹤》

关于这一座《鹤》，我愿把老友蒋万华的一篇文章节录在这里。这是他在 1982 年见到《美术》杂志介绍我的雕刻之后，写的《思考艺术的探索》。我们是中学时代的同学，那是在 1938 年，我们同在云南大学附中读书。因为日机空袭昆明，学校疏散到路南，大家都住校。我们有个小圈子，日夕处在一起。他是一个会音乐、会画画、会演戏、会写文章、会讲故事的多才多艺的朋友。大学时，他却入了经济系，后来成为研究财政的专家；"文革"期间也曾被下放劳动，受过不少苦，几次擦过死亡的边缘。1979 年我们见面，从穿着上，显然可看出他仍保留着艺术的气质和敏感。《美术》杂志的介绍逗引起他年轻时的爱好，写了这

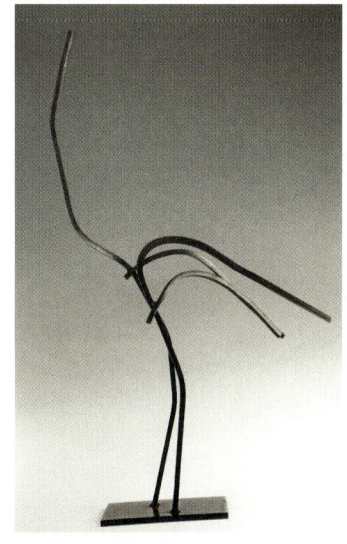

熊秉明 《鹤》

篇文章，他从过去的我一直看到今天的我，充满同情的理解和友爱的关怀。

若将飞而未翔

蒋万华

秉明爱谈希腊雕刻所凝炼的希腊哲学、中世纪大教堂所表现的基督教精神。因之，我们就不难理解，为什么他的作品也总是凝炼和表现着深沉的哲学思考了。我看过他的《嚎叫的狼》《展翅的鹤》《起飞的鸦》《飞停的鸽》等较主要的小品,及《猫头鹰》《犬》等作品。以鹤而言,我国古来的画家也常画鹤,他们爱用淡泊的墨色、飘逸的线条,把自然界的鹤的形象,抽象为他们自己的鹤立、企望、俊逸、超尘、耿介、清贫等思想境界。秉明应是出于这一传统而又有所发展的,他探索了新的表现技法和新的意境。也许他还从罗丹凭藉高度精熟技法所做的变形中得到了启发,并对布尔代勒的"四度空间的线条"有所领悟。他的雕塑上的线条,不是扁平模糊的,而是有体积的片、条和块。这些片、条、块,按"多向度"结构起来,因此整个雕塑作品既向客观空间凸出,又向自己的内在深挖,而使欣赏者更有空间感、立体感、实质感,以及建筑意味的结构感,从而激发了观者的内省的沉思和哲理的遐想。《法兰西文学报》及《当代雕刻家》等法国书刊,在评介秉明的作品时,曾联想到我国八大山人的写意画。1979年他再度出国时确曾带走了我赠送他的礼物——他所喜爱的八大山人画册。又结合他在中国、法国学哲学、学艺术，在法国雕刻家纪蒙的工作室工作等经历来看，我说秉明雕刻作品上的"抽象"是他对东西方哲学和艺术钻研的结晶，也不为过。他的这种独特风格的造型，融合东西方的影响，介乎抽象和具象之间，体现和概括了他的意境。看到秉明的《鹤》，就唤起许多联想，如庄周的"鹤胫虽长，断之则悲"。

　　庄周是注重自然的，他认为"断鹤续凫"都是违反自然的。又如曹植的《洛神赋》有"竦轻躯以鹤立，若将飞而未翔"的句子，用来描画秉明的《鹤》的动势之美，也是再恰当不过的了。秉明的《鹤》在思想意图上有企望高翔的动势蕴蓄着，在展翅的体态上有奋发欲飞的动势鼓舞着。秉明的《鹤》的胫，质地上的坚韧、形态上的刚健，是自然之美的形象的概括和再现；是自然美的不可折断和不容歪曲；是自然造物的神似。铁片、钢条、铜块等金属材料在秉明手中都驯顺了，在他的创作热情的熔铸、焊接下，揉铁的泥蕴蓄了强劲的力度，表现出动人的多种姿态。我以为"神似"是我国的传统艺术中"抽象"的一个准则。抽象是可以的，但是好的抽象必须是神似，这是不可逾越的。神似是在高度的艺术概括后，舍掉了一毛一翎的琐碎具象，使自然物的本质更为显露，更易触摸。所以抽象绝不是任意的脱离实际，或是任意的夸张和歪曲。神似是抽象的一个不可逾越的极限，是艺术变形、夸张的顶点和追求的终极。突破了这一顶点，就会走向反面。

谈贾科梅蒂的雕刻

一

雕刻家贾科梅蒂逝世了，留在朋友们耳边的是这样重复过无数次的话语："我不过要照自然临写，写眼前见到的东西：一个人、一只苹果。我知道这是被人卑视的。但是真实是什么？我不知道。我试着去接近它。正因为我不知道什么是真实，所以试着以雕刻以画去剖析、去了解，这才使我觉得求索的大欢喜、制作的大欢喜。"

"要严格地按照我们眼睛之所见，塑制一个头像是不可能的。但我以为在今天，其实自从19世纪末就开始了，要临写自然，那么作品就无法做完。没有一

贾科梅蒂 《迭戈头像》

个'完',因为你愈视察,就愈看出东西来。"

"你给我做模特儿,做一千年吧,我可以预言,一千年以后,我会向你说:'都不对,可是我接近一点了。'你在我面前坐着的一千年中,我每天都会发现新的东西。"

"真实仿佛躲在一层薄幕的后面。你扯去了,却又有一层。一层又一层,真实永远隔在一层薄幕的后面。然而我似乎每天都更接近一步。就为这缘故,我行动起来,不停息地,似乎最后我终能把握到生命的核心。"

"我每次工作,都毫无犹豫地把上一次所做的修削、删改,因为我感到看得远一步了。其实我也不过

贾科梅蒂 《行走的人》

是按照当前的感觉去制作。我们总以为当前的感觉是较可靠、较深入的。假定到头来，作品还是失败的，终要被捣毁，在我自己却总是一次胜利，因为我已获得了从未有过的若干新感受。"

贾科梅蒂的雕刻瘦削而枯索，上面留着深深的一条一条的刻刀的痕迹。显然他苦苦不断地推敲、修改，他不断地把物质剔掉，并且还要继续挖掘下去，准备以一千年的时间。

他寻找什么？

雕刻家运用凿子和铁锤并不是为在大理石或花岗石上仿制礼帽与花裙。如果有人专门打凿了一顶花岗岩的礼帽，将何其可笑。在一定客观要求下要雕刻衣着,那么这衣着必须帮助表现主题:革命者飞卷的外套、战斗者的剑、工人的留着劳动的褶痕的工作服。然而工人的粗壮的手、胳臂、胸膛,不是比工作服更有跳动的生命么?被年长月久的灾难压得伛偻的老妇人,如果赤裸裸让人看见她的扭曲的脊梁,不更令人惊心动魄么?追求真理与生的悲剧的雕刻家厌恶衣着的笨拙与虚伪。罗丹塑造的少女是赤裸的,母亲是赤裸的,施洗者圣约翰是赤裸的。不止此,他塑造了赤裸的加莱的义士、赤裸的巴尔扎克、赤裸的雨果。诚然,他不肯,亦不能止步于礼服礼帽之前,他要把更自然、更完整的人从衣着外壳里掘取出来。看见了人的赤体,他仿佛才洞见人的内心与躯体所构织成的山川大地。

人体的刻画到罗丹达到一个顶峰。在他那里,人体激烈地、充分地、痛快淋漓地展现了个人的内心种种形态。现代雕刻家则不满足于人体的局限,尝试以各种抽象形体传达他们要表现的意象;却有贾科梅蒂这样的雕刻家还要面向人体,认为人体仍是一未穷竭的题材。他要把赤裸的人体更逼入一层,诘其究竟。

他要剥除可能的躯壳的虚伪，刻画到内部去；剥除了它的微笑、伪笑；剥除它色泽掩映的皮层；剥除它太圆、太厚、太温适的肌脂；他要节节挖掘进去，揭露最赤裸的赤裸。因为裸体依然是华丽漂亮的，裸的人体显耀着、诱惑着、招摇着，它有时并不忠实于内部的悲剧。它独立成为一个体系，发着闪熠的雪光、迷离的桃红，一如一袭华靡的衣裳。

衣着说明我们的身份、阶级、职业、喜好，裸体犹说明我们的年龄、性别、体质、个性的若干方面。贾科梅蒂不但排斥了前者，连人的个性、体质、欲望也都扫除了，留下什么？一个单纯存在的基本的人形。比赤体更贫乏、更抽象无名的人形，像我们发掘出来的原始人的骨骼那样空洞而残剩的存在。我们只知道这是一个人的初始的惨淡的形象；他连个体特征都没有，性别都难辨，然而直立着、走着，惶惶地、瘦伶伶地，一无所有，单纯得像一个符号。他只可能有一个欲望：存在的欲望；只可能有一个恐惧：不存在的恐惧；只可能有一个问题：存在与不存在的问题。他动摇在方生方死、将灭将起的边缘。

奇异的雕刻！以人体为题，却是反人体的，却是描写人体后面的主体——超人体的人体。远离现世生命跳动的欢醉与悲苦、微笑与愤怒。生命的严冬：凋弃了一切花与叶、芽与果、翠绿与火红，留下黑黢黢的枝桠的人体。

它让我们看见存在的起点，或者终点，或者终点与起点：尊严而又寒伧。

四

通过怎样的创作方法贾科梅蒂取得这比赤裸更赤裸的人体效果呢？中国艺术家常喜谈"胸有成竹""意在笔先"，意思是在落笔之前，已有一个要表现的主题，或者要运用的笔触，或者要经营的构图，或者甚至是一幅已经相当完整的画面只待在纸上实现出来。贾科梅蒂的方法与这正相反：他胸无成竹，他正是要扫却胸中的一切成见、定见去看自然。他认为艺术创造是认识自然的手段。每次面对对象,他都带了好奇新鲜的眼光去观察,窥伺探索他所尚未发现的东西。认识、发现、创造,在他是一回事。

这种认识方法是纯直觉的、纯当下刹那的。因为他要忘掉,或者否定过去积下的经验,归纳好的观念。每一次开始工作,他都像一无所知,或者说每一次他都认为现在才真的照见真理,每一次他都看到了别的颜色、别的线条、别的配合与交错、别的协调与对照。今天工作时,昨天完成的已经过去。"你给我做模特儿,一千年以后,我会向你说:'都不对,可是我接近一点了。'"这话似乎不可能,我们应该怎样解释呢?"认识过程的无限性"可以从三方面来说:第一方面是自然本身的复杂性。一条线不是孤立的,它与第二条线发生关系时,显现某一种特性;它与第三条线发生关系时,又显现另一种特性。关系无穷尽,我们的发现也无穷尽。第二方面是创作者本身的复杂性。昨天我的精神状态曾如此,看甲线觉得如此;今天情已变,见甲线已呈现另一意味;明天我的心情又将不同,甲线的性质也将随着变化。我的精神状态正是佛家所谓"念"。后念推前念，生灭不已，无有穷尽，我们眼中的世界也将无穷变化。还有第三方面是对象本身也在迁化中，模特儿每天都略有不同，一天是安闲恬适的，一天是黯然敛抑的，一天是畅快愉悦的……我们果是胸无成见，不是粗率地想着：这是某某人，眼睛当如此如此，鼻准当如此如此……我们果是凝神于模特儿，敏感于他的每一细微结构，那么以迁流不息的我，去把握迁流不息的对象，雕刻永远在新的角度里进行，"没个完"。

贾科梅蒂的世界可以说是"刹那"所累积的世界，只有刹那，一千年的刹那，永劫的刹那。但是无数连续的刹那新陈代谢，前后排斥，前后扬弃，竟然洗荡了重重的偶然性，留下了纯粹存在的间架。

贾科梅蒂的雕刻不是写实主义的，亦非他一度热衷过的超现实主义的。如果我们一定要找一个名词来确定他的风格，可以说是存在主义倾向的。其为存在主义哲学家萨特所欣赏并非偶然。

萨特把人的"存在"（existence）当作第一义的、最基本的；人的"本质"（essence）当作后起的、第二义的。人有最后的本质么？这最后的本质是什么？理性？仁？至善？恶？在他认为没有。因此也没有要培养、要发展、要完成的"人性"，因此也就没有"非如此不可"的道德律。人的本质是从人的实践活动中产生的、确定的。如果一定要指出人的本质来，那么可以说：他的本质在于他能够创造他的本质，他有选择本质的可能、自由和主动性。在未选择之前，存在有着"一切在我"的自负、自豪，但是也有着"怎么选择呢"的踌躇、惶惑、惧怕。人是被判定要选择的，非选择不可，逃避选择亦是选择的一种。但是既然无"人的本质"，无道德标准，那么如何选择呢？选择有没有标准？萨特说：没有。但是有一点：我们的选择并不是在无法做决定时的拈阄，无可无不可时的随便瞎碰。如果是真的选择，那么必须是面对现实，看清我们的"处境"（situation），然后做一毅然的"参预"（engagement）。

我们说过贾科梅蒂作品的内容是极端贫乏的。那些人体在纯存在状态中。它们没有确定的时代性、地域性，没有社会关系，甚至尚未获得一个实实在在的肉躯。因为一旦有了肉躯，也就进入某一具体的"处境"，而成为希腊神话中的维纳斯、《圣经》中的圣彼得、一个法国的科学家、一个英国的戏剧家、一个俄国的革命诗人……他所塑造的人形是被抽去了一切"处境"的样态。它们存在了，可是孤零零地悬空着。它们立在生的起点上，似乎要"参预"到世间来，求得骨肉，披上衣裳，赢得称号，言说而行动起来。然而一切尚未开始，人仅仅是存在着而已，他要做什么？他为什么存在？他将创造怎样的未来？……没有人能回答。没有必然的、先验的理由，他存在了。在纯存在的层次，我们发现了"荒谬""不可理喻""不可思议"。面临这一个存在主义者提出来的问题，我们也只能感到"惶恐"(angoissé)。这心理状态在萨特的《恶心》里描写过，在加缪的《西西弗神话》里讨论过。

贾科梅蒂的人物立在生的起点上。他塑过许多肖像，写明这是某某人的塑像，但是每一个人都被放置到这个起点上被剖析、被拷问。在贾科梅蒂的刻刀下，他们变得赤贫、枯槁、木然、茫惑。他们存在了，而终于不实在。他们有着矜持与自尊，而终是稀薄的投影、存在的最低限的符号。

这样的雕刻能给我们什么呢？

如果我们赞美金佛低眉趺坐的庄严，人之子在十字架上的悲壮；那么这里没有大智或大爱，没有大宁静或大受难，这里只是平凡得脆弱的人形。如果我们赞赏手执试管的科学家的沉思模样，革命者在风暴里坚定地迈进；那么这里没有史实，没有传记，没有狂歌与大事业。如果我们爱少女圆浑如玉柱的肢体，运动员肌筋紧张如劲弩的动态；那么这里的血已经涸竭，肌肉似在解体，我们但见人形的废墟。如果我们受惑于现代理性派雕刻的秩序，或偏爱反理性主义雕刻的荒诞；那么这里并没有打进眼里来的新样式、新质地，精妙的仿机械的拼制，或者火山熔浆一样的虬绕盘结，只是这样平淡的人形。

在这里没有一点使人振奋、向往或痛哭的东西，只有"纯存在"，玄学性的生命的波颤。"纯存在"本是不可能的。人的"存在"必然黏骨附肉于一"处境"。但是贾科梅蒂竟然提炼了这样的形象，使我们看见了"纯存在"的形式。我端详这些离奇的人物，感到一种莫名的不自在：它们没有厚度，没有重量，没有清楚的面目，不像雕刻。在公园与广场上的铜像显得何其自信，坚硬而沉重，负载着人的理想，凝结一个意义。他的人物像升起的一缕烟，空洞得像一句关于存在的命题，乞求存在而找不到一个理由。

他的人体否定人体，他的雕刻里没有雕刻。他的雕刻是一失败吧。但也正如他自己所说，这是些新的经验。他带给我们的是雨果赞赏波德莱尔所说的"新的战栗"。诚然,贫血的、寒伧非雕刻的人体,一旦出现,竟然成为雕刻世界中不可缺的东西了。

1996 年于巴黎

贾科梅蒂 《站立的女子》Ⅱ

关于梵·东根

一

今夏画家梵·东根（Van Dongen，1877—1968）逝世了。他是属于马蒂斯、毕加索、布拉克一代的。早在第一次世界大战之前他便以少壮的反叛者的姿态出现在巴黎艺坛上，曾经是野兽派重要的一员。野兽派主张以最强烈鲜明的颜色来作画，当时许多画家都曾一度为这尝试所吸引，卷入这运动，但是大多数人都很快地便脱离了。因为这尝试虽极有意思，却未必符合每个人的性格，继续以明艳的纯色作画的，也就是说本着野兽派的精神继续发展下去的，恐怕只有马蒂斯和梵·东根。梵·东根是荷兰人，生于1877年。据

梵高《向日葵》

说在1897年的7月，乘了参加法国7月14日国庆节的观光车来到了巴黎。车票原是来回的。既到之后，他把回程的半截一扔，住下来了。那时候他连法文也还不会说，靠画吃饭，当然不是立刻做得到的。仗着体格结实高大，便在中央菜市场做卸货的搬运工。也

高更 《黄色基督》

还当过油漆工，也曾在咖啡店里给人速写绘过像；也一度为有名的讽刺杂志《牛油碟》作过插图。世纪之初，接触到当时最活跃的一群青年画家，成为野兽派的中心人物。

　　上面说过了，野兽派是标榜色彩的强烈和鲜明的，梵高和高更是这一派的先驱，开始以纯色作画，把印象派的绚烂缤纷的彩色改变为明朗的、强烈的，具有表现力的纯色；把印象派的享世性的欢乐色彩改变为戏剧性的呐喊的色彩。野兽派企图接着这一道路发展，但是他们所继承的精髓太过偏于技法，失去了明确的内容。他们想走得更远，用色用得更浓烈、更泼辣。诚然，把女人的面庞画为一半翠绿、一半榴红，在技法上比梵高以柠檬黄画自己的肖像更令人惊绝，然而在感人方面，却不能以此推论了。如果说印象派画家把握色彩的媚惑力，梵高、高更把握了色彩的感惑力；野兽派画家则把握了色彩的机械力。如果说印象派画家以色彩诱惑观者，梵高、高更以色彩打动观者；那么，野兽派画家则以色彩吓唬观者了，他们苦心地制造效

布拉克 《白兰地和吉他》

果,在思想的深度上则远不如梵高、高更。

野兽派的高潮仅仅在1905年到1908年数年之间。他们用色,绿到不能再绿,红到不能再红,蓝到不能再蓝,真是硬走到绝境。后来,他们不得不向别方面寻找新出路。布拉克说:"我们无法停留在这一个高潮上。"德兰(André Derain,1880—1954)说:"本来,最单调、最灰暗的颜色也可以潜藏着无比的爆炸力。"布拉克、德兰重新用起了灰暗的色彩,其他的野兽派

德兰 《最后的晚餐》

画家也都各自走向不同的路径。

为什么马蒂斯和梵·东根仍能以绿到不能再绿，红到不能再红，蓝到不能再蓝的调子作画呢？这是和他们的性格以及他们的画的主题不能分开的。在马蒂斯那里，一种开朗的、享世的乐观主义通过野兽派的色调充分表现出来。梵·东根呢？他以巴黎上流和下流社会的妇人做题材，夸张地描绘她们的艳冶和招摇，榴花色的嘴唇、橄榄色的眼眶、细瘦的鹅黄的长臂、太重太大的手饰……法国以肉感影片成为红星的碧姬·芭铎（被简称为BB）在未进入电影生涯之前，曾做过梵·东根的模特儿。这就可以看出梵·东根是以怎样的标准寻找绘画对象的了，同时也可看出野兽派的大红大绿，在他是如何称手的好工具。

梵·东根的女人肖像，乍看，是俗不可耐的，但是，因为俗到透彻完整，竟然又赋有强烈的表现人生的力量了。他似乎要讨好那些珠光宝气的贵妇人，但是把

马蒂斯 《带帽的夫人》

入时的艳装夸张到那一程度，竟成为讽刺鞭挞的意味了。他的颜色似乎是一派的脂粉和铅黛，他甚至说道："我梦想着用化妆膏直接画到画布上去。"但是，把胭脂铅粉，浓化到那种程度，竟变成了粗犷、泼辣。

这样风格的图画，大概是中国传统士大夫画家无法想象、无法忍受的。他们讲究"高雅""淡远""含蓄""不食人间烟火"……而这画面上，坦然摊开来，赤裸裸的妓女的翡翠绿的肉色，半裸的贵妇人的火红

梵·东根 《戴帽子的女人》

的头发……欧洲艺术家大抵都是入世的，但是如此直截了当地描写俗世的世俗的一面，描写俗世之为世俗的，恐怕梵·东根仍是稀有的一个了。

梵·东根逝世后，我拣出了一篇5年前偶然剪存的文章，是巴黎《快讯周刊》女记者莎蒲沙访问梵·东根的。他的性格、为人颇能从中见出来，爱这个世间，要在这世间痛痛快快地大玩一场，却因碰过一些钉子，一肚子别扭、气恼，像一个天真而不驯的顽童。读起来是十分有趣的。现在译在这里，似乎颇可作为新年时候给读者的小礼物。

一个有靛蓝色眼睛，一种悚悚不安的野兽眼睛的靛蓝色，面貌姣好，行动年轻而灵巧的妇人来开门：梵·东根夫人。

"请坐，梵·东根立刻就来。请吃点糖吧。"

紫檀木家具，嵌镶着拼成玫瑰花图案的螺钿。沙发上是蓝丝绒，猫眼蓝的。窗外有一角海。墙上挂着20个画框，大小不一，全是空的。橱角摆着一张无框的小画，署名梵·东根。一幅侧面女像，大眼睛，靛蓝色的，野兽的，悚悚不安的神情。到处摆着一些小碟子，盛着糖。玻璃橱里有书，左拉、巴尔扎克之类，蒲莱亚德的精装版本。

"您在那儿吗？"

一个很瘦很修长，剽悍笔直的老人悄然溜进来；有一对浅蓝眼睛，眼圈略略发红，一部向前翘着的胡子；一派康拉德小说里的老船长的神气。

我表示抱歉，打扰了他的工作。

"您不打扰我。我正在瞎涂。您呢？您是做什么的？"

我说是在《快讯周刊》工作。

"《快讯周刊》？没听说过。再说我不看任何报纸、杂志，从来不看，没兴趣。"

他坐下，很轻松地交叉了腿，又交叉了两臂，以侧影对着我，等着。等什么呢？他既然是连报纸也不看的人，又为什么让我来访问呢？我用一个惯常的问题试探。

"人们说您是最后的野兽派代表之一，您愿意被归入野兽派吗？"

"都无所谓，人要叫什么，随他们去叫好了。"

"为什么叫'野兽派'？为什么人们把您和一些画家称作'野兽派'？"

"无论什么东西总得有个名字呀！"

"在您到巴黎的时候……"

"那是1897年，我从荷兰来，刚20岁……"

"……您怎么结识当时画家的？"

"哪些画家？我们都不是画家。我们不过是一些尝试者，哪里称得起画家！我们没有那份虚荣。我只搞了些废品。再说，我还在继续搞……"

"您怎么决心学画的？"

"我的父亲是一个造桅工。我曾想作插图，不是画油画，仅仅画插图。其实我做个造桅工就好了。造桅工是个好职业呢，您知道吗？……也许对我更适合

梵·东根 《裸女》

些，也许，也差不多。"

胡子里藏着笑，看不出，但是猜得出。

"你要到巴黎学画，你的父亲没有说什么吗？"

"在荷兰，做父母的随儿子高兴干什么。"

"可是，梵高。"

"梵高？关于他，传说那么多！"

"那么，在巴黎，开头是怎么样的情形？"

"多少是穷困潦倒吧。"

"可是你有一些朋友。和谁特别有来往？"

"我？和谁也没有来往。也许跟马蒂斯碰碰面，他是最懂得生意经的。"

"你不是画了很多交际界人物的肖像吗？你跟他们相识吧？"

"我？肖像，才没有要呢！人把它们叫作肖像吗？人们啐吐沫在上面呢！"

"您的意思是，那时候，您还没享到盛誉？"

"我？确是没有。有一天，也许，我会得到一点小名吧……"

"您为什么特别喜欢画女人？"

"我觉得人物最有意思。"

"为什么是女人呢？"

"那不是人物吗？"

"这句话是不是您说的：'要画一个女人，必须把她拉长、拉细，然后把手饰放大'……"

"咦，这话听起来，颇有点道理。"

"去年冬天在巴黎举行了您的个展，您满意吗？"

"我的什么？"

"个展。在玛底农大街。"

"什么个展？我没有开过个展。不是我。"

怪了，我面前坐的难道不是梵·东根？梵·东根夫人不得不出来支持我了：

"是的，在沙罗画廊。你知道的。因为不是他自己主持的，所以他不闻不问。"

"非常好的个展，广告在巴黎到处可以看到。"

"什么广告？"

梵·东根夫人说："真巧，我刚刚收到。"

"什么广告？"

梵·东根夫人说："我还没敢给他看。我现在去拿。"

她拿着广告来了。复制着一幅裸女的三分侧像。梵·东根瞥了一眼，就把头扭开：

"这画不是我画的！"

梵·东根夫人说："是的，是你画的。"

"我不知道这张画！"

夫人说："这是《露一只耳朵的妇人》。你瞧，全幅是这样的……"

"哦，那么是我的。复制得很糟。总之，要是有人先问过我,我一定不答应他们这样胡搞……"

我问他这些空画框里都是什么,都送出去参加展览会了吗?

夫人代答:"春天我们去了一趟美国,于是把画存到银行保险库里去了,在碧色海岸有那么多偷画的……"

"你以为人们会偷我的画?"

"当然啰!"

"它们真有运气,我是说,我的画。它们被拎来拎去,我就被关定在这里!"

夫人说:"你明明知道事实相反:画都被关定在银行里,你呢,跑到美洲去了。"

"都是些什么画?"

"都是老画,老的,跟我一样。"

"都是您自己的吗?"

"对,我没有别人的画,我不喜欢这一套。"

"可是,画家之间常常交换作品,你认识的……"

"他们都死掉了,我不大跟他们打交道,也许就靠这一点我还活着。"在眼睛里闪起一点机狡的光。

"那么您很满意于还活着？"

"我喜欢画画。"

"毕加索怎么样？他住得不远，你们见面吗？"

"难道我们互相追逐么？不见面，交情就能维持下去。"

"不画画的时候，您干些什么？"

"发闷。"

"看书吗？"

"我不认得字。"

"看电影吗？"

"从来不看。"

夫人插嘴了："你瞧，你也太过火了。只是他从来不看节目。只说一声'星期三我去看电影'就去了。当然不一定是好片子。你尽扯谎,叫人家怎么访问呢？"

"新闻记者自己呢，他们就不扯谎了吗？"

"在绘画里，您喜欢什么？"

"颜料管子和画刷子。"

"你每天都作画吗？"

"我？从不。我不画画了。"

夫人说："你瞧，你刚刚才说你喜欢画画。要扯谎也得有点记性。他每天都画……"

"最近您画了些什么？"

"我吗？没一张好画。"

夫人说："在纽约他画了一小幅画，自己挺喜欢，我去拿。"

只剩下我们两人，他俯身向我说："您喜欢这些家具吗？我才不。可是听说女人都喜欢这些！我在这儿简直不像在家里，没有一个地方是我自个儿的家……"

夫人进来了，拿着一小幅梵·东根画的女像，面孔粉红，背景深蓝。梵·东根静静地让人欣赏，似乎也颇有些自得。他看见地上还有一幅小画，也是女像，一半面孔红，一半面孔绿。

"那张画我画了有30年了。您不觉得吗？这成为一个古怪的黑女人了，一半脸是红的，另一半是绿的。

怪的是我当年画的时候，就不曾察觉。"他笑了，拿起一块糖。

"有人喜欢您的画，不使您高兴么？"

"我自己喜欢就够了。为了自己工作，就会多用些心血，对不对？再说，一幅画不曾伤害过谁，画画也不会损害什么人。这是一种疯狂症，一种和平的疯狂症。"

"您从来没有想到会变成一个大画家吗？"

"也许有人说过这类话，这是愚蠢的。我还不致笨到这步田地。"

夫人说："人从事一种工作，总愿意有点表现。否则就会变得乖戾，怨天尤人。"

"我怨天尤人？"

"不，可是你有别的毛病。"

"您的画卖多少钱？"

"我喜欢的画，我就叫大价钱。人们害怕了，我就可以自己留下。"

"平常，您在这儿有多少画？"

梵·东根 《莫德赫斯科引吭歌唱》

夫人说:"大约三十来张。"

他自己说:"或者 30 张,或者 600 张。这些空框子真难瞧!我不喜欢没画的空框子。您要吃一块糖吗?"

"好,谢谢。您很喜欢吃糖?"

"我?一点也不喜欢。"

夫人说:"他离不开糖。"

1968 年 12 月

奥林匹克雕刻公园里的徘徊

奥运会的精神

《汉城奥林匹克雕刻绘画目录》是一本5公斤重的巨型大画册,拿在手里便仿佛捧着艺术史的一个里程碑。《序言》是这样写的:

> 如果奥运会仅只是局限于体育竞赛,那么绝不会发展为今天这样的具世界性的活动。奥运精神不只在锤炼心身,而且亦通过艺术创造促进美的欣赏,通过学术研究开拓新知识,而这些活动的终极目的是为了对世界和平有所贡献。艺术活动具有一种神秘的力量,使人们越过语言的、种

族的、意识形态的以及政治的种种障碍而得到共同情感的沟通。为了这个理由，我们把汉城奥运会的文化意义着重地突出，组织了有史以来最重要的一次艺术奥林匹克。世界四隅的当代艺术作品将汇聚在这里，这是一个稀有可贵的机会让我们来欣赏这许多不同的可能。从远古，人类便在穴壁上作画。我们屏息拭目，观察人类将怎样迎接，并表现21世纪。艺术是一个严肃的努力。我坚信艺术奥林匹克将激发对于人类的未来做深入的探询；我诚恳地感谢为这一次艺术节的设计与实现付出勤劳与智慧的所有的人。

1988年8月

汉城奥运会组织委员会主席　朴世直

文章中"世界和平""世界四隅""21世纪"……一连串的用词显得冠冕堂皇，陈义甚高。但是作为世界奥林匹雕刻公园，《汉城奥林匹克雕刻绘画目录》的《序言》大概也只能如此写，似乎也应该如此写吧。

雕刻公园巡礼

奥运会组织者邀请两批雕刻家赴汉城,首批参加开幕仪式,第二批参加闭幕仪式。我因9月初刚从北京回巴黎,需要略作休息,所以参加了第二批,和王克平、陈启耀两位同行。这一批雕刻家共有30人左右,来自法国、西德、意大利、西班牙、爱尔兰、加拿大、美国、波兰、苏联、乌拉圭、危地马拉、墨西哥、阿根廷、委内瑞拉、多米尼加、埃及、摩洛哥、利比亚、伊朗、印度、印度尼西亚、泰国、新加坡、日本……真是来自"世界四隅",济济一堂。

到汉城的次日,9月29日,便被招待在雕刻公园大楼的最高层午餐,饭后参观公园。不知道是什么缘故,是什么人的失职,我的作品未曾印入目录。我问向导小姐:"你知道我的雕刻在哪里吗?"她居然点头说:"知道。"我颇有些怀疑,因为200件作品,分散在这样大的场地,按说是很不容易记得的,非靠目录寻索不可。她径直带我去,果然在一座中国式凉亭不远的地方找到了我的《铁鹤》。审视了自己的得失，拍了几张照，也匆匆地看了一些别人的作品。

10月3日又到公园一次，看得比较仔细，费了约四小时，巡礼了一遍。其实也仍是很匆忙，仍不免有遗漏。因为从一座雕刻走到另一座有时相当远，就以平均3分钟看一件雕刻计算，200件雕刻需时600分钟，也就是需要整整10小时。

我怎样谈我的观感呢？很不容易说。

此刻回想雕刻公园，最先浮现的是那一片广阔、舒适的大空间：上边是匀净高爽的蓝色秋空，下边是软软延展的大地，草坪连绵，缓缓起伏；几波隆起的小丘陵，绕着几湾粼粼的池水；新植的林木还有些怯懦。"公园"的气氛和平而温柔。太阳的光度很强，但并不刺眼。空气的温度使皮肤感到清醒而快意，那是竞技的理想的温度。我们自己也想要换上轻衫短裤，跑一跑，跳一跳。

然而，回想那里的雕刻，却引起胸口的压抑、不自在。这里、那里，巨大而怪异的形体散布在草坪上，木的、石的、金属的、水泥的……我们难于描写，难于归类，只感到视觉受到侵犯、暴虐；并且，匀净的天空，明朗的阳光，清新的空气，草坪、小树也都遭受到侵犯与暴虐。

那一片广阔坦荡的大地像一个精美的托盘，我们挑选了最优良的产品陈列在这里，那上面神秘的蓝天似乎会有外星客的来到。可是这些产品真是足以代表人类今天的艺术成就，反映这时代的精神面貌么？外星客会怎样评价呢？2500年前的古希腊人又会怎样评价呢？我们不是把这公园命名作"奥林匹克"么？造阿波罗的希腊雕刻家会说什么？我们不是把陈列在这公园里的作品保存下去么？21世纪的来者又将怎样评价？

且不说古人、来者，以及外星人，我们自己先茫惑了，我自己先茫惑了。

从人体到物体

希腊时代的雕刻是"人体"的赞歌，赞美竞技的优胜者，赞美比竞技者更完美的神的躯体：阿波罗、维纳斯……今天，在这里竖起的雕刻，以人体为主题的不及20件，也就是不到十分之一，而这十分之一的作品是人形的残片或废墟。其余的是什么呢？我想可以总称作"物体"吧。因为"抽象雕刻"一词也并不恰当，有些分明是一把椅子、一堵墙、一架机器……从希腊到今天雕刻的演变，扼要地说，大概是从"人体"到了"物体"。

比我们的肉躯更美妙的，不再是阿波罗、维纳斯，而是"苹果""虱子""老鼠"……这些电脑的构件。"阿波罗"已成为太空飞船的名字。20世纪人类所制造的东西远远超过人的双臂的膂力、两眼的视能、两耳的听觉……这肉躯的贬值过程是逐步的，原因是多种的，但是如果要指派一个象征性的日子，那么也许可以说是1916年9月15日。那一天在法国北部英军防线上冲出来坦克车，从此昂然奔驰在沙场上的战士不再有英雄的气概，而是一个脆弱的可怜的射击目标，一旦暴露，便将是应声而倒的影子。

也就是在第一次世界大战前后,雕刻世界出现了莱门布鲁克(Lehmbruck,1881—1919)的瘦长的、羸弱的、垂着头的赤裸男子。而第二次世界大战前后,在贾科梅蒂的塑刀下,瘦长的更细削了,羸弱的更枯槁了,并不垂着头,也没有任何抒情意味。人被减化为形而上学的架构,木然僵立,被虚无腐蚀到骨髓,在存在与不存在之际,摇曳如一缕轻烟。女性的丰满尚逗留了一个时期。麦约(Maillol,1861—1944)、雷

麦约 《维纳斯》

雷诺阿 《猎人狄安娜》

阿尔普《地平线》

诺阿(Renoir,1841—1919)的女体比古典的维纳斯似乎更具肉的魅惑,然而这是最后的人体的光辉。到了阿尔普,女体成为一段腰、一片胸的朦胧的断片的记忆。人的形象像一条流入沙漠的河渐渐消失。

我们说了,人形的消失的原因是多重的。人的内

阿尔普 《侧卧的人》

在价值随着人类文化的演进节节贬降。首先是哥白尼把人所居住的大地变成一枚绕太阳旋转的行星，这是一个思想史上的大地震。然后，达尔文把人从万物之灵的地位拉到与动植物平等的地位，列入生物进化的谱系里。弗洛伊德则把人的意识主体的尊严也推倒，性欲、潜意识，被压抑的情结是幕后的主宰。无怪在雕刻领域里，人的形象从神转化为英雄，从英雄转化为常人，从常人转化为精神病患者、转化为反英雄，而终于幻化。

现代雕刻的巨匠罗丹，实在说，也是把人的形象推向毁灭的路上去的。他的人体虽然充满跳动的生命，但那是悲剧的主角、痛苦的意识。《行走的人》没有头，没有臂。把残缺的身躯当作完整的作品展出的始于他。想扭转人形解体的趋势的是罗丹的学生，另一个巨匠布尔代勒，他创建了近代的纪念碑型的雕塑。但是大的趋势已经形成，他自己的一批学生贾科梅蒂、李谢

布尔代勒 《工作中的雕刻家》

李谢 《伟大的人类》

(Richier, 1902—1959) 又都回到罗丹, 并刻画出更凋残、狼藉、颓废的人体。布尔代勒英雄气息的雕刻被移植到东欧社会主义国家去, 雕刻配合了现实主义的艺术理论刻画革命英雄。但是不幸, 这一条路也导向人的另一种死亡, 其发展的过程是从英雄而到少数先知的领袖,从少数领袖到唯一独尊的大神。我想起鲁迅在《野草》里的一段话:"有一伟大的男子站在我面前,美丽、慈悲,遍身有大光辉,然而我知道他是魔鬼。""人类于是整顿废弛,先给牛首阿旁以最高的俸草,而且,添薪加火,磨砺刀山,使地狱全体改观,一洗先前颓废的气象。"

既然人的形象已走入绝境,有另一种雕刻思潮出现:远离人体,甚至根本抛开人体。布朗库西和摩尔

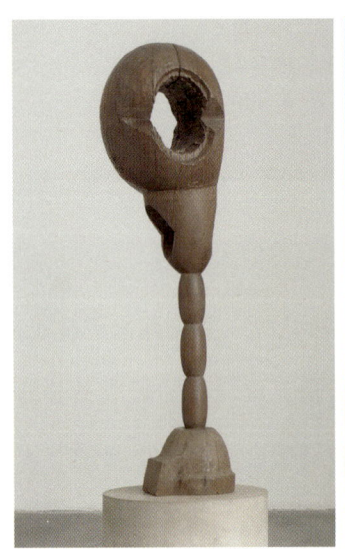

布朗库西《苏格拉底》

摩尔《直立·自身/外部的形式》

尚以人体为题，但他们不从残坏衰竭方面着眼。他们代表一种新兴的文化精神——机械文明，把人体理想化，造型趋向几何的曲线和直线，趋向机械的精密和完美。沿着这方向再走前一步，则雕刻家完全放弃"人"而推敲抽象造型的美。到本世纪末期，雕刻家的兴趣更近似科技的"制造"。他们摹仿科学与技术，要"发明"一个"物体"。这物体无用，亦无所谓美丑、善恶，然而是"新"的。正像许多科学的新理论，理论成立了，却无用处，等待用处。现代雕刻家造一个新的形象，他们自己并不知道代表什么意义。这符号只给人以"新"的心理反应，在观众那里激起无可名的好奇和惊怖。这是一个谜，而他们不知道谜底。那是没有谜底的谜，或者说那谜本身就是谜底。如果要他们解释自己的作品，有的会写出一套和形体同样令人眩惑的充满玄学气息、语言魔术的议论；有的则天真而得意地说"我不知道""艺术家不需要说话，艺术品不需要说明"。

于是，自有精神分析家来寻索情结的根源；有艺评家用语言学、哲学的术语来诠释；有艺术史家来排比、归类。一旦被归类、被定名，输入电脑，作品也就失掉新奇，艺术家又要走向更新的领域去。

雕塑作品的分类

用"人体"和"物体"的观念来观察雕刻公园里的作品，也许可以分作以下几类：

属于"人体"的雕刻有三类：

一、残破的。像苏联人贝尔林（Leonid Berlin）的《为什么？》这是用废铁焊接的人物，面目模糊，两臂伸开，两手张着，好像在仰天询问。

二、缺损的。这一类和前一类不同，整体有所缺少，但并不残破，人类本身的刻画的古典手法很写实、很细致，但以现代观念把完整的形体加以打缺。例如阿尔及利亚人阿玛拉（Amara）和西班牙人贝洛卡（Berrocal）的石刻，两人都做了青年人的像，都同样把头的上半部削去。前者做的是两个胸像，被故意拆裂做几段。后者做的是个着衣的身躯，膝以下的部分也被削去。塞萨尔（César）的《大拇指》也可以放在这一类。

三、稚拙的。手法笨拙，雕像如玩偶。例如捷克人让可维奇（Jankovic）的《优胜者》。一个上半身，连接着三个并排的下半身。他自说嘲讽竞争，每个人都想得第一名，但第一名只有一个。

非人体的雕刻也有三类：

一、抽象雕刻。这是传统雕刻的延续，但是把写实的意图排除。基座上放置一个完整的形体，雕刻家着眼于几何结构的完美。例如巴西人德·卡玛哥（De Camargo）、秘鲁人古兹曼（Guzmán）的作品。抽象大型纪念碑也属于这一类，像韩国人文信（Moon Shin）的联珠状巨柱。这是公园中最高、最令人注目的标志物。

二、场景雕刻。把雕刻基座取消，把单体形象打破，化成多数形体，把场地布置的观念引入，把建筑空间的观念引入。如以色列人卡拉旺（Karavan）的《日晷》，据称是献给世宗大王的。那是12株6米高的木柱，每株纵剖为二，两半相距约半米，形成一条狭窄的廊道。距这一排大柱约十米的南北两边还各立着一对这样的半圆柱。

三、喻意物体。既然不是纯粹的抽象造型，那就是一个可以叫得出名字的东西，或者可以叫得出名字，或者简直就是那东西的复制。例如古巴的布里脱·阿维拉娜（Brito-Avellana）的椅子和门，题为《内省：童年记忆》。阿根廷的玛勒（Maler）排列了大大小小的十来把椅子凳子，还有一个扁平的曲卷的人形。在现代，椅子扮演很重要的角色。在现代戏剧里、现代舞蹈里往往是唯一的道具。在雕刻公园，以椅子为主题的作品有四座。美国人莱维特（Lewitt）的《立方体之一角》是以直角相接的两段短墙。波兰人卡立那（Kalina）的《一路平安》是一段铁轨，放置了五对火车轮。第一对是完整的，第二对有一部分陷入轨中，依次愈陷愈深，第五对只剩下小小的弧形。

这样的分类当然并非界线分明的，像荷兰人布鲁斯（Brusse）的《狗的生活》，既用了喻意物体，又有场景观念。他组合了高墙、方窗、石级、铁链……效果很像舞台的布景。

这样的分类对雕刻的欣赏，实在说，恐怕并没有什么帮助。分类之意义，给每件雕刻一个位置，使观者对雕刻有些理性的知识，不至于瞠目结舌，张皇失措，但并不一定引起他对作品的欣赏，更不一定造成对作品的喜爱。

我们似乎听到恶魔的笑声

就雕刻家自己走在这里，也会感到迷惑的。对"雕刻"，每个雕刻家有他自己所给的定义；每个雕刻家苦心摩挲他所膜拜的形体，或者掘出他在潜意识底层所温孵的怪卵。

雕刻家们似乎在布置一个大规模的祭典。从世界五洲的各个角落来了多种部族的代表，在这里竖起奇奇怪怪的图腾，展开机械的、立体的符咒，摆布出难以辨认的面具。我们用怪异的声音祈祷，以荒诞的语言召唤神祇的到来。然而是怎样的神祇呢？没有名称。也许只能是撒旦吧。而这些图腾与符咒的制造者并没有受到任何巫师、教主、修士的指示。他们只是被不可知的诱惑所蛊动,被无限的尝试所支使,被永不能满足的好奇所催逼。他们各以为是艺术的忠仆,又是艺术的叛徒。他们是探险家。每个人都是和梅菲斯托弗列斯签约的浮士德,他要追求,无所禁忌,彻底自由。一切都是被允许的,不再有罪与恶、美与丑、正与邪、意义与无意义。这样的出轨、犯规是令人心惊胆战的,但他既已用钥匙启开了禁止的门了,他只得前去。他有大恐惧,但在这恐惧中掺有好奇的自虐的快意,亵渎与触犯带来的坏孩子狡黠的满足。他要发现新的疆界,发现新的大陆,或者岛屿或者岩礁、冰山,甚至海市蜃楼也好。

我们要到哪里去?没有人能回答。你问雕刻家:"你到底要干什么?"绝大多数会说:"我不知道,我在找。"

我们似乎听到恶魔的笑声。

孩子们的欢笑

而我是并不相信恶魔的。我自以为生长在中国文化传统中,既不惧怕恶魔,也不慕恋天使。中国文化没有神学,也没有上帝与魔鬼的故事。我徘徊在奥林匹克雕刻公园,心底应该是平静的,在这些离奇的造型之林间,可以泰然地漫步。

中国文化里早已存在超越美与丑、善与恶的美学。儒家提出尽善尽美的标准后(《论语·八佾》:"子谓《韶》尽美矣,又尽善也。谓《武》尽美矣,未尽善也"),道家便提出反对的意见。老子说:"天下皆知美之为美,斯恶已;皆知善之为善,斯不善已。"庄子说得更具体:"厉与西施,恢诡谲怪,道通为一。"(《齐物论》)"臭腐复化为神奇,神奇复化为臭腐,故曰:通天下一气耳,圣人故贵一。"(《知北游》)如果庄子是雕刻家,他会做出肤肌若冰雪的处子,也会做出狰狞丑怪的人物,"其胠肩肩""瓮盎大瘿"。而且他不会局限于塑造人的形象:"今一犯人之形,而曰'人耳,人耳!'夫造化者必以为不祥之人。今一以天地为大炉,以造化为大冶,恶乎往而不可哉?"(《大宗师》)他可以冶制大鹏、蝴蝶、鹓鶵……风与浑沌,以及纯粹的观念艺术,他说:"无成与亏,故昭氏之不鼓琴也""虽我无成,亦可谓成矣"(《齐物论》)。

从大自然怀中取一块怪石立在庭园里,观赏它的透漏谲诡,不是中国的传统吗?(所以王克平可以送去一段大木桩。)

我徘徊在那一片软软的草坪上,我以为我可以轻松地步去,怡然、逍遥,有庄周的眼光、天地的心。我可以有宽阔的胸怀去接近每一件作品。"是亦彼也,彼亦是也,彼亦一是非,此亦一是非。"(《齐物论》)

然而,很快我就发现这样的心态并不容易保持。有的作品,我可以同情地体味;有的作品令我漠然;有的作品,我始终不能接受,我看了不舒服,像吃了不能消化的食物,积梗在胸口。"圣人无己",而我不能,我只是我自己,只能以我的眼睛去观测。如果真是以接受一切的态度去欣赏,其实也就没有了欣赏。荀子说了:"庄子蔽于天而不知人。"

我于是想,以我这样的心理尚且遇到欣赏的局限,其他的观者必有严重的偏见与偏好吧。我又想:我自己的作品放在这里，会被怎样看待呢？20根钢条，瘦硬的直线，架搭焊接起来，在晴空中支成鹤的简形——我自己认为这是我多年提炼成的形式，并且在我之前，中国文化里酝酿着这样的形式，不过我同时采用了西方某些抽象雕刻的手法。我在打制的时候，确体验到很大的愉快，测定这些钢条的长短、倾斜的角度，调准它们的辐辏疏密、比例节奏，制作凝聚的感觉、上升的感觉、超验意象的暗示。但是不能领会我的意图的人大概只看见几根灰黑冰冷的铁杆，他们会愤愤然，哀叹雕刻的没落。

艺术品是一个矛盾的结合体，它要使人们有感情地沟通（如《汉城奥林匹克雕刻绘画目录·序言》所说的），又在寻找感情的密码，显示感情沟通的不易。

三四个年轻中学女生走过，拥在我的铁雕下拍照，笑着、嚷着。又一群更年轻的学生跑过来了，拥着拍照，笑着、嚷着。

我想她们才是真正欣赏者吧。她们不提什么问题，没有什么怀疑。对她们说，这些就叫作"雕刻"。她

熊秉明 《鹤》

们欣然接受,而雕刻也欣然装饰了她们的生活。

我不懂韩文,无法和她们交谈,只看到她们的健康快活的面庞上没有一丝阴影。人类文化处在一个开拓与发现的时代,我们已跃出地球,进入星际;同时我们也进入微观宇宙的探险,进入心理世界、生物化学世界的探险,我们时时得准备新视野的展现,接受新的惊愕。艺术家不断逃出过去的范畴,找新的结构、"新的战栗"。我们在自己所制造的精神失重中不能适应,发生恐惧、感到惶惑,而这些孩子似乎无忧无虑,欣然在这些新现象、新形象中长大起来。我们临时的桥头阵地,在她们是已经征服了的根据地,要更向前面进发了。

我们的作品已经留在那一片草坪上,对于未来者说,我们的忧虑,以及因这忧虑而说的许多话,怕都是多余的了。

毕加索座谈会

出席人：江萌（熊秉明）、叶大伟、金戴熹、李明明。

地点：金戴熹寓所。巴黎。

叶：前次我们讨论毕加索的人、他的生平，及有关他的绘画方面的各种感想。这次很巧遇到你（江君），想和你谈一下，关于他的雕塑部分。因为你从事这方面的工作，大概已有不少的时日，而且也有过很好的表现，相信对这方面总比我们学画的能了解多些。我有一些疑问，因为我始终以为在较为古典的观念中，画家的视觉，与雕刻家的，是似乎不可以混为一谈的。虽然今天的一些新的艺术，好像已超越这种界限，或甚至根本否定了这个，不过我以为这种分别，直到毕为止仍是存在的。而且他到底是以画为主的艺术家，无论他的画上，还是他的雕塑上都有过种种要摆脱这个界限的迹象，总会受到这个无形的限制的影响。所以当你看到他的画或他的雕塑时，你会不会感到，他的雕塑像画家的雕塑，或他的画像雕刻家的画那样？

江：说他的雕刻像一个画家的雕刻，我倒觉得他是有雕刻家的气质的画家，有雕刻家的种，像他对面与点的空间关系，都是雕刻家的视觉。

叶：有些法国批评家说他只能算是一个雕刻家，不是一个纯画家；批评说他对色彩方面的处理，不够纤细；立体派以后的用色，有很重的装饰性；他只注重形状与形状之间对比的效果。这也许是以法国一般对画家的观念来批评的，你认为如何？

江：这个批评！我都很难说……不过我以为他的雕刻家的气质，是可以从画面看出来的，像画一个东西，就是要将整个形物给你。譬如很少看见他把那个形体和背景完全溶化在一起，他不是没有看到这种关系。

主题特别明显，我想这一点是雕刻家的特点，就是说，他抓到一个主题，他要把这个东西很强烈地表现出来。所以说很多画家的画很像雕刻，是因为他们的主要物体没有和背景溶在一起。越是画家的画，他的主题就越溶在背景里。像波纳尔（Bonnard，1867—1947）的画，他的主题就几乎看不到了。他就是背景一片，画一个人，或一个猫也好，就是与背景连成一块，找也找不到了。可是毕不一样，始终很清楚，这是倾向雕刻家的……

叶：这种倾向、这种要求，强烈、夸张的表现是否与其性格有关？

江：这倒不是这种关系。假如他是以纯画家的眼去看东西的时候，就是把物体与背景看在一起；但是是雕刻家的话，他一看那背景就退后了。越是雕刻家的人，一看就看到主题，看不到背景。

叶：你个人喜不喜欢毕加索，他的画与他的人？

江：我从前有一个时期很喜欢他，现在当然也是很佩服他。这一次我看过他的雕塑，可是没有什么新发现。到他的最后的展览室，那些用纸剪的雕塑模型，我觉得没有什么，不大喜欢，好像很空虚、单薄，没有新的东西传达人家，把他原来的雕刻特质去掉了。

叶：这也许是他故意去掉的，利用新的观念去创造，像他以往对艺术的态度，反叛到底？

江：是的，他对每一件东西，可以说是感受很深的。像他的雕刻《山羊》，他看到这个羊以后，就把这个形体以完全的纯雕刻去感受。他也很巧妙地把一些东西做成艺术品，譬如说，一个篮子，破篮子，一些木片，

毕加索 《山羊》

然后把它们凑起来，凑得当然非常之好，同时也能表达一些内在的感觉。那些简单的东西给他弄成很深的一种生动，生动也不是很好的词，很难……

金：那天我和彭讨论到这个问题，他说毕的所有的画与雕刻，都好像一个人被打，打，打到半死，而还要活下去，有永远不屈服的感觉。譬如说那山羊……就是很令人感动，后脚很短，奶子很大，头部鼻子上面一点儿的地方，有一块隆起来，还有那胡子……处处给人……觉得它是有生命在里面，随便怎样，它也要活下去……生命力很强。

江：也就是因为这一点，它超过了那只是羊的写实、羊的外形。是哇，就是说，它一面很"羊"，的的确确它是一只山羊，同时，它也超脱那山羊；这个雕刻有山羊的自尊，有生命力，但它又超越山羊的定义。他也做过好几只猫，那猫也是微微有点扭过来，看起来的确很像猫，很写实，但力量很大……

金：这是什么道理呢！跟他人也很……

江：人很有关系。

叶：是的，毕加索在二十多岁后，就常常被人称为魔术师。他曾经说，他画画不是跟着自然，而是在自然之前，同时和自然一起（non pas apres nature, mais avant et avec elle），这就是一种魔术式的定义。他说他能把任何物体放在他的画上，那些物体本来不好放在一起的吗？算它们倒霉好了，我是要把它们放在一起的。我们不能说他这种做法是故意的，其实于他这好像是自然的一回事，好像他生下来就知道是这样的。于是他把一些生活中最平凡的东西凑在一起，说这是一只猫、一只狗或一把吉他，当然这样做，也会有人不同意，但他就是有那么一种雄辩的能力，像非洲黑人的雕塑一样，能把一些物体变成形象或象征的那种魔力……

江：我相信他是很直觉的，对于一切的东西，他都很敏锐地去看见，很快。他看见几个锅子，他也可以画；看见一面镜子，他也可以画。我不知你们看见过没有？有一本画册上面，有一面镜子，就是一面镜子在上头，还有几个橄榄，还有一个壶，那是早上，清早的时候，那颜色都是白的、灰的，整个墙、壶子、杯子，都是灰的和白的……

叶：后面有个人的那张……

江：没有人，没有人，是静物。上面有个镜子，那镜子里面有几个几何的图形，是彩色的，好像是虹的颜色。太阳光射进来以后哇，被那个镜子给散成五彩的颜色。那感觉，好极了！你会觉得阳光忽然照射到一面镜子上，散出一点彩色来，那红白七色的光，下面什么都是静极了，还在早上的灰色里。他尽是有这些感觉，有许多敏锐的观察，而他表达的方法是这么直截了当，没有什么多余的话，他用的绘画的语言，可以说是简单明了，雕刻也是如此，他的那个《人与山羊》，抱在手里的那个，据说只做了两个下午还是……就做定了。他就是有这种感觉与能力，也不管什么好坏就做起来了。因为有强烈的感受，很厉害。同时他在说话的时候，非常有自信，斩钉截铁地，不说多余的，也没有多余的烦恼。所以他一"讲"出来，别人一看，就非常明白，有修养的人都会觉得好极了。因为你是

毕加索 《人与山羊》

通过他的感觉去看的时候，一下子你就激动了。

叶按：这个《人与山羊》是在1943与1944年间出现的作品，同时一起出现的有，那个用脚踏车龙头与座子做成的《牛头》。这两件作品据说是在一两个月之内构成的。《人与山羊》是用模特儿写生的，所以我们可以看到那个人，像僵硬地、直直地站着，两眼平视，属于一种古典的古希腊时代的形式。我们不能直接地了解他的思想，但可以从他的作品窥探到多少，而他自己也讲过，绘画不可保存很久，但雕刻却可以经历几代的灾害、蹂躏而不毁。这样讲他是想到"永恒"，所以他的《人与山羊》，无论在形式上或感觉上都是一种古典的美，甚至材料也是用最普通的泥土倒的。虽然我们可以说，也许他做的时候不曾想到这些，可是我们可以从他的作品了解他的意识形态。最奇怪的是，同时出现的《牛头》，这个雕刻可以说是属于现在的，是用现成的工厂出品的材料凑成的，有着"将来"的意味。

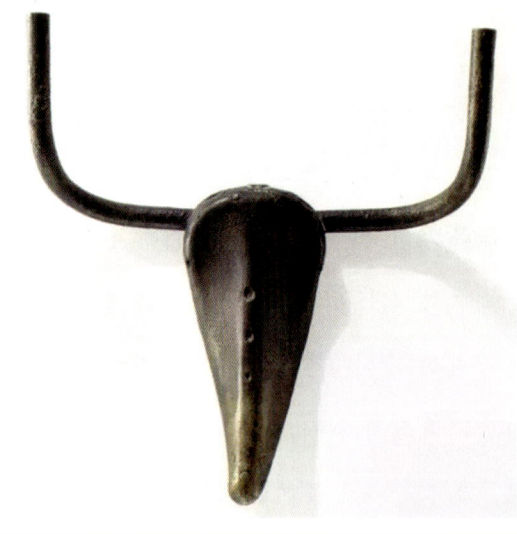

毕加索 《牛头》

当然我们严格地来讲，他这种"眼睛"（l'oeil），也是从黑人雕塑得来的。但是这种利用现成的物体凑成的艺术品，可以说是从他开始的。用现代的语气来讲，就是承认物体本身的存在的价值。但毕不是这种人，他不能让一件他做的东西离开他就这样而存在。他需要它完全属于他的，要经过他的魔术的手捏做出来的，像他做那个用泥土做的鸽子一样。他说："你要做一个鸽子吗？你得先要扭它的脖子，任意地扭吧！"所以像类似的作品，他做了不多，后来还是做他自己"做"的东西。

金：他这次雕塑，新的东西多不多？

叶：新的东西不少，可是都不大好，我觉得。

江：不好。

金：那就很奇怪了，既然他有同样的语言能力，又有同样的感觉，为什么新的东西，你们会觉得不好呢？是他的能力衰退了吗？假使是能力衰退的关系，那么他这时期的画是不是也不好？

江：有人说他这时期的画也是不好。

明明：我个人是不大喜欢，看到后来，我觉得他像有气无力地……

金：有点无理取闹，有时候……

江：有人说这时期的作品，有一种 arrogance（目空一切）的味道。

叶：好像只剩了一个外壳一样，里面空空的，那些雕刻就是那么大大的几块玩意儿，没有了。

江：那个 authenticité（真实性）没有了。

明明：好像是江郎才尽的样子。

叶：我想是这样。毕加索之所以这样有名，一来固然他才分是很高的；二来他是以善变多产出名，当然这种变化也是属于他的才能里的一部分。他的手敏心灵，有过人的精力，他可以发现很多别人不注意的现象。所以"变"对他是很自然的一种喜悦，可是毛病就出在这里了。当他发现别人把他当成魔术师，惊异他的变化多端，他开始尽量发掘他自己内在的魔力，努力地表现在他的作品上。但观众都是残忍的，尤其是批评家，大家对他的要求就是新奇古怪，好像不奇不怪的就不是他，迫得他只有不断地往那里钻。但创新需要观察思考,观察需要精力与时间。像他今天的年纪,再怎样比别人强,也是在风烛残年的时候。所以当他的朋友到他的家里,搪着两手向他问道:"毕克,这次又有什么新的东西来让我们享享眼福?"他也只好弄点什么的来搪塞搪塞……

大家:哈……

江:这里面我想可能是有点有关道德的……

金:对啰!你不是看过 Life with Picasso,你上次说,看了这画,对毕的个人有点失望?

叶:是,我看过一下,觉得毕不过也是一个普通的人。

金:就是说,也许在青年的时候,他有一种自我的投影,引导他;可是今天走到这里,有点迷失了,找不到投影,幻灭了……

江:在这里面,我想中国人也许有他的道理,就是说要有一种修养。而毕没有这个问题,艺术家无所谓修养的问题,他就是这样活的。举一个很简单的例子,他和布拉克两个是老朋友,互相有一种友情啰。对别人的谦逊,他完全不了解,他不懂一个人为什么要谦让,认为这是一种懦弱的表现。他有一天晚上同他的太太纪洛(Gilot)去看布拉克。他跟他太太讲:"我很久没有去看他了,我们今天到他那儿吃晚饭去,我们下午去,他要是不请我吃饭的话,那就是说我和他之间的友情是不再存在了。"到了布拉克家已快到了吃饭的时间了,布拉克的侄子也在那儿。布拉克本人很文静,他侄子也是一样。他带着毕等去看他的画,看他的石版画,又去看他的雕塑。看了半天,毕忍不住就说:"噢,你的羊肉烤得好香啊!"布拉克没有理他。过了一会,毕又说:"喔,你的烤肉恐怕要糊了。"布拉克还是装傻不理,于是毕说:"你的野兽时期的画很有意思,我想让纪洛看看。"因为他晓得布拉克的那些画都挂在饭厅里,于是他们一齐到饭厅去。毕一眼看到饭桌上只摆了三副刀叉,是布拉克本人、他太太及他的侄子的,心里凉了一半。看完画,毕不耐烦地说:"老勃,你羊肉糊得不像话了!"布拉克一声不吭,随后说:"我最近做了不少石版画,请你们去看看吧!"时间相当晚了，布拉克的侄子也来告辞。大概是肚子空得难过，于是毕也不好意思再留，只得也告辞了。出来已是夜半，回到家里，毕气得咆哮大叫，说什么以后永不再去看他，请也不会去，把布拉克送他的画都扔到地下室去。可是过不了几天，又把送他的画都挂起来了，而且对他太太说："布拉克这个人，我非常喜欢（J'aime Braque）。"其实布拉克是非常了解毕的，不是这样来他一下，过几天毕就会到处跟人说"我到布拉克那儿，我要吃饭，他就把羊肉端来，我要怎样，他就怎样"，等等！因为他晓得毕这个人啊！就是要顶他，不能让。他对谦让的观念是没有的，所以修养是什么，他不了解……

叶：他对修养是另一种解释，也许这是他的西班牙血液在他身上作祟的关系。他看这个世界是一个斗牛场，所有他接触的人或事，都应像一头雄牛、一头凶猛的斗牛。他自己嘛，当然是一个斗牛士，所以你说人要谦让吗，在他这个人就不存在了。他要你冲过来，要猛猛地冲过来。要是把他撞倒了，他是毫不介意的，甚至会很高兴。因为无论是他赢了或败了,他都会赢到别人热烈的掌声的,只要这条牛是一条凶牛,他自己是一个勇士。我想这就是他的做人态度……

江:是的,他是这样的一个人,充满了生命力,他的一个朋友,不晓得……是哪一个,后来疯掉了。他就说,这个没有办法,是懦弱的,就是懦弱的,只有被丢掉。所以毕这个人,要别人跟他抵,抵过了以后,他就觉得你还是有点道理。

明明:不单是毕,我觉得西方人都差不多是这样,东方人对这点就不大能了解了。

江:是性格,所谓性格,尤其是现代,就是:"我要这样"……

叶:法国一位画家杜尚(Duchamp, 1887—1968)说:"我想,假如我们把一个破瓶子看成艺术品,它可能成为一件雕塑品。"而毕却直截了当地讲:"我能够,我要把一个破碟子变成一个人头。"我想毕就是靠这不可争辩的声势雄据了画坛十年之久。

金:也许他就是靠这个"个性"去表现在他的画

里。可是话又说回来，西方人比他这种个性更强的也有，他们为什么不见得做出什么东西来？

江：那当然不同，那是画家与非画家之不同。不过也很奇怪，他也常常有绝望，觉得自己的画不行。他太太纪洛说她自己的生活中，最重要的任务就是怎样把毕哄起来。早上毕睡醒起来，就沉在灰色的思想里，又说胃痛，又说头痛，怎么医生又不来，没有一个人来关心我了，现在什么都不行了，朋友都不来捧我了，我的画也越来越不行了……

金：我想一个艺术家多少都有一点这样。

江：是啊！可是像毕这人，人家就会想到不应该有什么问题的，每天早上起来高高兴兴地画就是了，可是他是下午才开始画。他太太早上好不容易把他哄起来，一边要说着："不要这样生气，你的画的确是好极了，你只要画出来，什么都是好的……"他于是反问："你真这样想吗？你相信我吗……"这样要弄好一会儿，他才起来。有的时候他先看看书，或接客，弄到下午才开始画，一直到晚上才休息。第二天早上又来这一套……

没看过他太太写的这本书,不会想到。

※ ※ ※

叶:这次展览,雕塑部分他做一些用泥土做的花,有花瓶,有水果连在一起的玩意儿,你觉得怎样?

江:很好,那一团花做得很好。如果位置摆好一点的话,会更有意思的,那空间的感觉很妙!

叶:我第一个反应是觉得很惊奇,甚至觉得它很丑,这样厚厚的瓣子、粗粗的茎,插在臃肿的花瓶里,笨得很,而且比例比平常花大好几倍。我以为花应是作画的题材,是不是?

江:也可以做雕塑的,他这个人把什么都拿来做题材,而且花本身是可以占一个空间,现在做雕刻的拿花做题材的不少。

叶:有吗?做花的……?

江:做花的……我自己也做过一些花……嘻……

叶:有花瓶的……?

江：不，是下面有一只手。

叶：那，这个感觉可能不一样。

金：你做一个苹果和做"刀切苹果"的情形就不一样。

叶：拿花和花瓶一起做成浮雕是可以的，因为那样还是像一张画，但是做成……像拿一张画做成雕塑……

江：是，是有这种感觉。

金：你对他的用脚踏车的龙头和椅垫做成的牛头，看了有什么感觉？

江：没有什么特别的惊奇。

叶：就是说你从未看见过，第一次看到拿这种材料凑成的东西，要你把它看成艺术品，你以为？

江：我只觉得非常的巧妙，并不觉得……

叶：那么，你对他的画面上的某些地方，譬如说技巧啦都不觉得……

江：我最喜欢他的画，还是早期的……中期的，是在那张战争画《格尔尼卡》（Guernica）以后的，新

毕加索 《在母亲怀抱的克劳德》

古典的我不喜欢,蓝色时代的我也不大喜欢。我只喜欢他跟纪洛生活在一起的时期的画,有倾向他自己的立场派的。他画了很多小孩子的像,他自己的小孩子,有着很大的柔情,女孩子的像也不少。那个时期的画非常好,一方面是他的感情都托出来。他的工具非常丰富，素描也很有力量，都表现得很充足，同时好像他许多感情都在里面表现出来。有的孩子也是扭曲过的，可是扭得使人觉得没有什么不自然。

叶：这是他最真诚最成熟的时期。

江：但到后来，他临画德拉克洛瓦的一张就没有什么。有些是画得不错的，颜色什么的都……刚才你说他是个大画家，不是个好画家。如果大画家的定义是能把画充分来表现自己的话，他的确是一个很勇猛的艺术家。他有什么就说什么，所以有不少的坏画，有的时候画不出来……在这点上也许可以说他不是一个好画家。其实在文学领域里也一样，有的文学家是以嬉笑怒骂成文章的，当然会叫人不舒服，觉得骂人的话怎可以成文章。可是若是真的艺术家，每一篇都是艺术品，很完整的。

叶：关于毕的画中，变形的问题，你有什么意见？

江：他是找几个最有表现性的角度，譬如画一个女人坐在那里，可以有几个观察点，从某几个观察点看去，他觉得他所得到的印象最明显的几个部分凑合起来，成为很完整的一个观念。因为在画上，就那两度空间讲，最显富的形是以曲线与直线的变化对照组合而成的。

叶：我也认为毕的变形是从这里出发的。

江：是，而这许多的构成，不是一个平面而是一个立体。同时这立体仍然是属于平面的，又是属于物性的（物体的特性）。这许多线，就线说，互相有一个很大的呼应，而这些线对所表现的物体又保有极度的代表性，使人觉得他能完全把握到这个物体，所以他造型上的变形不是一种动势的要求（mouvement）。

叶：不是物体在空间里的动势，而是线条本身的动势。

金：但据陈锦芳说的是物体本身的动势。他说譬如画一只猫，当它害怕时，背就隆起来，所以他把猫画成弓弓的。

江：这种情形也有，可是很少。譬如说他画一只鸽子交配的样子，他画了很多的线，暗示动作，不过又不是他要变形的因素，他的变形不是从动作来的。

其实他的画很静定,如他那张《卧着的女人》,线没什么动势,看起来很真实,因为他把画放得很大。事实上我们照相照出来的人,所得到的面积,不及我们两只眼睛所看到的面积大,这是他的一种技巧。

叶:其实照他这样把形状分割,使线条跟线条、面与面的接触来产生另一种关系。他可以把这些面发展到无限,像今天一些年青的法国画家在叫喊的那样,我们要把几十年来规范着一张画的四根木框子踢开,我们的画要像宇宙、星辰的世界那样的无限……

毕加索 《卧着的女人》

江：不要忘记，毕画一张桌子时还要表现这个桌子的，所有这些线与面的关系呼应，他处理时并没有忘记它——这个桌子。在这一点上，他和其他纯造型的艺术家不一样。

叶：所以他从来不会画抽象画的……好像画过一张小小的……

江：是啊！他总要想到他要表现的东西，可以说是一种表现的立体主义。

* * *

我们这次的座谈会到此算是做一个结束了，当然，再讲下去还是可以的，相信会没有完的。可是我一再声明我们这次的讨论，目的不是在对毕加索个人的褒贬。因为去贬他，我想我们之中任何一个都没有这种能力，而且他还不是一个过去的人，他还好好地活着，盖棺论定还是太早；可是要去褒他也并不怎样容易，对他要有透澈的认识才好，否则只是盲目的崇拜。而且捧他的人那么多，捧得比我们要好的更多。所以我们这次重要的是做一番自我检讨，在研讨别人的，一个大艺术家的思想言行里面，可以发现到自己在从事艺术工作的时日中，到底了解了多少，努力了多少，和今后应做的工作。我个人方面，我深深地感到，艺术本身的价值是无限的、长存的。可是！这种永恒不是像我们一直相信的那样，包括所有的真、善、美等真理，像一座山、一块磐石那样的固定的永存。我相信真理本身是不断地在移位的，不是像一块石头那样的无机性的存在，而是像我们人类的生命一样的有机性的，有始也有终。但这个终不是完结，因为另一个始又开始了。所以像毕的艺术是从他开始，也从他而终。这种终结只是一种现象，艺术的生命却是延绵不绝的。在善方面也是如此，很多人相信上帝永远是一样的，不是吗？这种道德，这个圣位不是已经立了好几千年了吗？干嘛要否认？却不晓得这个上帝已改了样子了，也许把胡子刮掉了，穿起西服来啦！驾起最新型的汽车来了。而大家都惶惶然去找那个老样子的上帝，悲观者就说：人心不古，世界末日到了，我们已经掉在虚无的世界里了。

是的，我承认文化传统的价值，是像接力赛跑一样，一个传一个下去。可是，多少人啊！多少人只注意这根棍子，难道没有人看到这个在跑的"人"吗！加缪（Albert Camus，1913—1960）在《反叛者》中把这根劳什子的东西扔到老远去。他要肯定这个奴隶的人的价值，但他并不是放弃，他始终在这跑道上努力往前。当然会有人说，这是干嘛！这不是犯规了吗！这不是扰乱秩序、迷惑人心了吗！加缪没给我们一个完满的答案，他只知道他非这样不可，这是作为"人"的基本条件。也许这个反叛的赛跑者，在他无限的跑道上会找到一根什么的，拿来往前送就是了，有什么能比他本身现存的价值的肯定还重要的呢？他这样规规矩矩地跑完这一段路，也只是在画了他这一个"责任"而已，一个无用的责任（devoir inutile）而已。

原载《欧洲杂志》1967年第6期

熊秉明文集 三

展览会的观念
Collected Works Of Hsiung Ping-Ming

图片说明

本书部分图片从有关书籍和网站中选取,特向拍摄者致谢。由于客观条件限制和时间仓促,很难一一寻找图片的作者,请有关作者与出版社联系,并提供足够的证明材料,以便及时支付图片使用费。

各卷文字说明

一 《关于罗丹：日记摘抄》

熊秉明一生所受影响最大的西方艺术家是罗丹。本卷收录了他关于罗丹的笔记和论文，不仅帮助读者更深地领会罗丹艺术，同时对熊秉明的艺术道路和艺术思想也会增加了解。

二 《看蒙娜丽莎看》

本卷收录了熊秉明先生的美术论文和随笔，展现这位艺术家不同寻常的艺术感觉和对艺术重要问题的思考。

三 《展览会的观念》

熊秉明先生关于展览会观念的思考，是他有关艺术思考的重要组成部分。本卷收录的文字，主要包括他由展览引出的艺术思考和哲学思考。

四 《中国书法理论体系》

本卷收录了熊秉明先生的《中国书法理论体系》。此书写作本于教学之需要,反映出他对中国书法艺术和理论的独特理解。本书曾由天津教育出版社于2002年出版。

五 《张旭狂草》

《张旭狂草》,是熊秉明先生有关书法研究的最为重要的著作之一,曾以法文出版,收入本文集,由北京大学哲学系宁晓萌翻译,杜小真审订。

六 《书法与人》

熊秉明是一位有成就的书法家,对书法理论有精深的见解,并且数十年里致力于书法的教学与传播。本卷收录了他有关书法的论文、笔记和教学课录。

七 《人体与山水》

熊秉明先生是一位有成就的雕塑家。本卷收录了他关于人体思考的文字，其中有关于西方艺术重人体、中国艺术重山水的比较研究。

八 《诗论》

作为诗人的熊秉明先生有关于诗的深入思考。本卷收录了他有关中国古代与现代诗歌的研究文字。

九 《砧边札记》

熊秉明先生有将自己随时思考记录下来的习惯。本卷收录了他有关艺术、哲学、人生的笔记。由手稿中录出，篇什多短小，却寓有深邃而富有启发性的见解。

十 《诗》

熊秉明先生是一位诗人。本卷收录了他的诗作，这些诗部分有时间记载，大多数未具时。所录之诗，除部分发表之外，大多是根据手稿整理，第一次与读者见面。